LA

# SURVEILLANCE

DE LA

# HAUTE POLICE

DU MÊME AUTEUR :

UNE QUESTION DE LIBERTÉ. — *La Loi sur les Aliénés.* (Paris, seconde Édition, 1866.)

TRAITÉ THÉORIQUE ET PRATIQUE DES EAUX DE SOURCE ET DES EAUX THERMALES. (Paris 1870. *Un fort volume in-8° de* 647 *pages avec Table analytique et raisonnée.*)

DES DONATIONS AYANT LE MARIAGE POUR OBJET. (Paris 1852.)

LE MAGISTRAT. — Étude sur les Parlements. (Paris 1865.

UNE QUESTION D'ORDRE PUBLIC

---

LA

# SURVEILLANCE

DE LA

# HAUTE POLICE



PAR

**M. HENRI NADAULT DE BUFFON,**
Avocat-général à Rennes.

Il n'est pas possible quand on a laissé la vie à un homme de ne pas lui permettre de la soutenir honnêtement.
*(M. le Garde des Sceaux Barthe.)*

---

(Extrait de la *Revue Pratique*, Tome XXXI.)

---



PARIS
A. MARESCQ AINÉ, LIBRAIRE-ÉDITEUR
17, RUE SOUFFLOT, 17

1871

# LA SURVEILLANCE DE LA HAUTE POLICE.

## I.

La Surveillance de la Haute Police est plus que jamais un problème social digne de fixer l'attention du Magistrat et du Législateur.

On a depuis longtemps reconnu la nécessité d'une réforme, on l'a tour à tour cherchée dans des voies diverses; jusqu'ici il n'est intervenu aucune solution satisfaisante (1).

Le moment paraît opportun pour soulever de nouveau cette grave question, car si au point de vue juridique la loi de la surveillance est toujours en vigueur, cependant le Corps législatif dans une de ses dernières séances a voté l'abrogation du Décret du 8 Décembre 1851, et à Paris pendant le siége le Gouvernement de la Défense Nationale a, le 24 Octobre 1870, confirmé cette abrogation en réservant toutefois la question qui nous occupe.

La surveillance de la haute police se rattache à un système remontant à 1810, système que nos principaux criminalistes n'ont pas craint de taxer d'*impitoyable*.

Elle fait tache dans nos Lois Pénales de plus en plus modérées, et généralement empreintes de sentiments d'humanité.

La marque (2), l'exposition, le poing coupé au parricide, l'appareil de son supplice, la peine de mort en matière politique, la mort civile, les bagnes, la publicité de la peine de mort, toutes ces aggravations du châtiment, dénoncées par les moralistes comme inutiles et inhumaines, ont successivement disparu ou vont disparaître de notre législation (1).

La surveillance semble devoir survivre à ces réformes (2).

Loi d'exception, de suspicion et de défiance, on l'a vue tantôt s'adoucir, et tantôt se faire plus rigoureuse suivant les variations de l'esprit public. Aujourd'hui, en présence du souvenir tout récent de l'épouvantable et sanglante émeute dont le courage de nos soldats vient de délivrer Paris et la France, on semble disposé à y ajouter des rigueurs nouvelles.

Pour ma part, loin de trouver dans les événements de Paris un argument en faveur de la surveillance, j'en tire au contraire une nouvelle preuve de son inutilité. Si telle qu'elle existe elle n'a pu empêcher ces troubles qui détruisent le crédit et menacent de ruine l'état social, quelques degrés de plus de sévérité ne la rendront pas efficace; ils serviront tout au plus à aigrir davantage ceux qu'ils atteindront, — et mon but est précisément de démontrer qu'un individu placé sous la surveillance de la haute police ne peut plus être qu'un ennemi de l'ordre social.

La surveillance constitue une aggravation excessive de la peine, un accessoire redoutable et redouté du châtiment (3), accessoire dans la plupart des cas hors de proportion avec la faute. C'est un rouage qui ne lâche plus sa proie. Elle pousse au mal en créant l'impossibilité du retour au bien.

Le moins qu'elle puisse faire c'est de conduire de la rupture de ban au vagabondage et à la mendicité; le libéré qui quitte sa résidence obligée parce qu'il n'y trouve pas d'ouvrage est par cela seul en rupture de ban, on le rencontre sans papiers ni domicile ni moyens d'existence dans une autre ville ou un autre département c'est le vagabondage; s'il tend la main parce qu'il n'a plus de ressources c'est la mendicité. Tel est le cercle dans lequel le surveillé s'agite sans parvenir à le rompre! La surveillance constitue une dénonciation permanente contre sa personne, elle lui retire la confiance du public lorsqu'il en aurait le plus besoin et fait planer le soupçon sur ses démarches les plus innocentes. Elle fait le vide autour de lui et remet en vigueur la loi des suspects.

Les défenseurs du système de la surveillance partent tous de ce principe qu'elle constitue une garantie nécessaire. Ils la regardent comme une précaution indispensable contre les périls que fait courir à l'ordre et au repos public la classe dangereuse des libérés. C'est donc à titre de défense sociale qu'elle a pris place dans notre législation et qu'elle s'y est maintenue.

Si la surveillance de la haute police présentait réellement des garanties indispensables d'ordre et de sécurité, si elle apportait à l'Etat un sérieux appui, coûte que coûte il faudrait la maintenir quand même elle serait rigoureuse et excessive. C'est tout au plus s'il serait permis alors de rechercher les moyens d'en adoucir l'application, car l'intérêt des particuliers s'efface devant les nécessités publiques, et la société en butte aux sourdes et incessantes attaques de la démagogie, a, plus que jamais, besoin de ce qui peut servir à sa défense. Il n'y a de prospérité possible dans l'Etat que si la sécurité publique y repose sur des bases durables, et quiconque tenterait de priver sciemment l'autorité d'une garantie nécessaire serait par cela seul un mauvais citoyen.

Pour apprécier sainement la surveillance il est nécessaire de l'envisager tour à tour au point de vue de l'intérêt social et de celui de l'individu.

Si on se place au point de vue social et légal, on reconnaît d'abord que la surveillance manque aux premières conditions de la peine : — la publicité et la notoriété.

Il peut être jusqu'à un certain point légitime que la loi, même après la répression complète de la faute, après l'exécution de la peine, se préoccupe encore de la conduite future des individus qu'elle a châtiés ; mais il faudrait du moins que ceux qu'atteint sa défiance fussent incontestablement menaçants, dangereux par la perversité de leur nature ou une corruption sans remède.

J'ajouterai qu'il n'est pas besoin d'un système particulier de surveillance organisé par la Loi et inscrit dans nos

Codes (1) pour que la Police suive dans leurs déplacements leurs pérégrinations et leurs démarches les individus qu'elle juge capables de troubler l'ordre, ou menaçants pour la sécurité des personnes.

« Par haute police, — dit M. Rauter, — il faut entendre la police administrative locale étendue sur toute la France. »

La société invoque encore le droit de légitime défense.

Que penseriez-vous d'un poltron qui, poursuivi par des craintes chimériques, s'entourerait d'un arsenal d'armes offensives et en frapperait au hasard le premier venu ; ou d'une personne qui commencerait par en maltraiter une autre, en prétendant qu'elle a cru entrevoir chez elle l'intention de lui nuire?

Pourtant la loi ne fait pas autre chose en supposant qu'un coupable qui s'est déjà mis une ou plusieurs fois en révolte contre elle doit par cela seul continuer de mal se conduire, et en l'entourant d'entraves sans se préoccuper de ce que cet homme va devenir, ni admettre qu'il puisse se réformer.

Notre Code Pénal s'est montré prodigue de la surveillance (2). On la trouve attachée à des délits pour lesquels ses partisans eux-mêmes ont dû lui reconnaître une utilité au moins contestable.

MM. Chauveau et Faustin-Hélie remarquent avec raison que : — « le Code Pénal a prodigué cette mesure et qu'il n'a « point hésité à la faire peser sur des condamnations dont le « caractère ne devait pas inspirer d'inquiétude (3). »

La surveillance est la suite nécessaire de la récidive, même lorsque la récidive ne concerne que des délits (4) ; elle peut toujours être ajoutée à l'emprisonnement pour des vols minimes et de simples larcins ou filouteries (5).

Elle est la conséquence à peu près obligatoire du vagabondage et de la mendicité (6).

On la trouve attachée aux vols et dégâts commis dans les champs, aux dévastations de récoltes sur pied, à la rébellion, aux menaces, aux condamnations pour coups et blessures volontaires ou violences ayant entraîné une infirmité permanente, aux faits de séquestration illégale et de castration (7).

Elle peut encore atteindre ceux qui ont administré à autrui des substances ayant occasionné une maladie, qui empoisonnent des animaux, ou favorisent l'évasion d'un détenu (1).

Les coalitions d'ouvriers, la violation des règlements sur la libre concurrence du commerce, les paris sur la hausse ou la baisse des effets publics, la fabrication et le port d'armes prohibées, la détention d'armes et de munitions de guerre, l'abus de confiance par un officier public, la concussion des greffiers et officiers ministériels, la destruction ou le détournement par un débiteur ou emprunteur d'objets remis à titre de gage, l'explosion volontaire d'une machine à vapeur, la contrefaçon et l'usage de timbres-poste contrefaits sont autant de crimes ou de délits entraînant la même conséquence (2).

Ainsi des délits minimes, les délits négatifs de vagabondage et de mendicité, peuvent donner lieu à une surveillance de plusieurs années, et un individu condamné à trois jours de prison peut être renvoyé sous la surveillance pendant cinq ans! Une mesure entendue d'une manière aussi radicale atteint nécessairement des délinquants inoffensifs.

D'ailleurs, pour être logique, il faudrait en arriver à supprimer les distinctions plus ou moins arbitraires de la Loi, et dire d'une manière générale que tout homme ayant subi une première condamnation est par cela seul suspect, et que l'administration le retiendra indéfiniment sous sa surveillance.

En effet si on admet que la peine est, dans la plupart des cas inefficace pour amender le coupable, si, faisant le procès à notre système pénitentiaire, on juge tout séjour dans les prisons démoralisateur, comment justifier ,dans l'application de la peine accessoire de la surveillance, ces distinctions plus ou moins arbitraires?

Pourquoi condamner celui-ci à un an ou cinq ans et cet autre à deux ou dix ans?

Les tribunaux n'ont pour mesurer la durée de la surveillance, d'autre guide que leur libre arbitre. Ils se décident presque toujours d'après une situation morale mal définie et mal connue, situation qui peut changer, qui se modifiera certainement soit en bien soit en mal, le jour où la mesure aura son effet. Ils statuent pour un temps où l'emprisonnement sera subi, — ce qui équivaut à dire qu'à cette date l'homme qu'ils condamnent aujourd'hui continuera à être dangereux pendant trois mois ou cinq ans, six mois ou dix ans, suivant la durée de la peine accessoire, et qu'ensuite il ne le sera plus. Généralement c'est le contraire qui a lieu, car tel libéré pour qui la surveillance était peut-être inutile à son début devient véritablement dangereux le jour où il s'en trouve affranchi.

Si en principe la durée de la surveillance est toujours déterminée d'une façon plus ou moins arbitraire, en fait l'action de l'administration se trouve paralysée par le grand nombre d'individus sur lesquels elle s'exerce (1); et il leur suffit dans la plupart des cas de le vouloir pour s'en affranchir (2). Le chiffre total des libérés en surveillance, qui varie entre 6,000 et 8,000., tend toujours à grossir.

Tandis que l'homme un moment égaré puis repentant et corrigé se désole de ne pouvoir rentrer dans la bonne voie, le libéré endurci, celui qui passe ses heures de prison à combiner de nouveaux méfaits, accepte sa situation. Les peines de la rupture de ban ne l'effraient guère. Ou il se cache sous un faux nom, ou il ne se rend pas à sa résidence, ou il s'empresse de la quitter dès qu'il y est parvenu.

« Des condamnés qui reçoivent en sortant du bagne ou « des prisons une feuille de route, — disait en 1844 M. le Pré- « sident Boullet (3), — beaucoup n'arrivent pas à la résidence « qu'ils ont indiquée et l'autorité perd leur trace. De 26,455 « libérés connus, 16,888 seulement sont considérés comme « ayant une résidence fixe; 9,567 sont en état de vagabondage « permanent. Plus de 2,000 condamnations sont prononcées « annuellement pour rupture de ban. Le département de la « Seine entre dans ce chiffre pour plus de 600 (4).

S'il en était autrement, si l'administration armée du droit que la Loi lui confère pouvait réellement ne pas perdre un seul instant de vue les individus confiés à sa garde (5), les peines de la rupture de ban c'est-à-dire les infractions aux prescriptions administratives ne trouveraient que de rares applications; elles seraient en quelque sorte réprimées avant même d'avoir pu se commettre.

C'est le contraire qui a lieu.

Les délits de rupture de ban augmentent dans une proportion notable. Tandis que la Statistique criminelle de 1833 relevait le chiffre de 222, on les voit s'élever en 1868 à plus de cinq mille.

Le nombre des récidivistes, pour l'amélioration desquels la surveillance a surtout été édictée, et que le Décret de 1851 avait spécialement en vue, a suivi une progression encore plus significative, — progression surtout accentuée au lendemain du Décret de 1851 comme pour en mieux démontrer l'impuissance.

En 1850, les récidives criminelles et correctionnelles étaient de 26,402; en 1851, elles montaient à 28,548. Elles étaient de 33,005 en 1852; — de 35,700 en 1853; — de 63,375 en 1868 (1).

« De toutes les révélations de la statistique judiciaire, — di-
« sait M. le Garde des Sceaux dans son dernier rapport offi-
« ciel, — celles que fournit le chapitre de la récidive sont les
« plus douloureuses. On se demande si le perfectionnement de
« nos institutions Pénales ne permettrait pas de lutter contre
« la persistance des malfaiteurs. L'étude du régime péniten-
« tiaire date de loin, bien des systèmes diamétralement op-
« posés ont été préconisés ou même essayés sans qu'aucun ait
« complétement répondu à l'attente publique. C'est que les
« causes multiples de la récidive ne peuvent être supprimées
« radicalement par tel ou tel mode d'exécution des peines.
« *Nul n'ignore les difficultés que trouvent les libérés à reprendre*
« *dans la société la place qu'ils ont perdue.* »

De là ce dilemme : — ou les exigences du Décret du 8 Décembre 1851 ne sont pas encore assez absolues, puisque le but que l'on se proposait n'a pas été atteint (2) et il faudrait, ainsi du reste que certaines personnes le demandent, ajouter à ses sévérités des rigueurs nouvelles; — ou la surveillance, par les difficultés de toute nature qu'elle crée au libéré, par les obstacles qu'elle apporte à sa réhabilitation, a réellement pour conséquence de le maintenir ou de le rejeter dans la voie mauvaise, de le pousser, en quelque sorte fatalement, à la récidive; et alors il ne peut y avoir qu'une voix pour demander sa suppression !

La situation du surveillé est telle que dès qu'il commence à en sentir le poids, il ne songe plus qu'aux moyens de s'en affranchir. La seule sanction pratique de la surveillance est la rupture de ban.

S'est-on rendu compte de ce que peuvent contenir d'exaspération et de haine ces cœurs ulcérés. S'est-on demandé quelles pensées sombres peuvent venir à ces hommes qui ayant commis une faute et l'ayant expiée, voient la société les séparer d'avec les autres citoyens et les noter d'infamie? Quoi de surprenant à ce que l'ordre établi leur apparaisse comme une usurpation, la loi comme faite uniquement contre eux, et à ce qu'ils deviennent les ennemis acharnés de l'Etat dans la pensée que le troubler serait s'affranchir!

On objecte encore que si on n'interdisait pas aux libérés le séjour des grandes villes ils y afflueraient de toutes parts et menaceraient leur sécurité.

Quand la surveillance a-t-elle empêché, à Paris ou ailleurs, une émeute, un crime, une association de malfaiteurs?

A-t-elle empêché le surveillé Bélon de monter dans le train de Marseille pour y assassiner M. Lubauski (1)?

Au reste, les grands crimes de ces dernières années, ceux qui ont paru faire reculer la civilisation, n'avaient pas généralement pour auteurs des condamnés libérés. Troppmann était pur de toute condamnation. D'autres causes que celles provenant d'une perversité invétérée arment aujourd'hui le bras des assassins. L'amour de l'or, le besoin de jouir sans travailler, l'appétit des satisfactions matérielles, voilà les passions mauvaises qui fermentent dans notre société malade.

J'ajouterai que, quoi que l'on fasse, les grands centres attireront toujours ce qui a besoin de se cacher (2). La grande ville fait l'ombre autour de ce qui redoute l'éclat, et Paris ne cessera jamais d'être le refuge de ceux qui par leurs antécédents ou leur conduite auront rendu leur présence impossible dans leur pays d'origine.

C'est là, à la fois, un mal et un bien.

Un mal, car, protégé par son obscurité, un malfaiteur peut faire de nouvelles dupes, — un bien, parce que le libéré qui a le désir sincère de se réformer et de commencer une vie nouvelle ne se heurte plus sans cesse au souvenir de sa faute. Dans le lieu qui en fut témoin son repentir n'aurait trouvé que des incrédules, ici il sera jugé non sur son passé, mais d'après ses actes. D'ailleurs les grandes villes ont pour assurer leur tranquillité, outre la police générale, une police locale nombreuse et habile, elles peuvent employer au maintien de l'ordre une force armée imposante. L'affluence des condamnés libérés dans les villes n'est pas au reste ce qui paraît préoccuper le plus l'administration, car elle se montre en général assez facile pour le permis de séjour : — « Bien qu'en principe le séjour de Paris soit interdit aux individus placés sous la surveillance, — disait M. le « Président Boullet, — au 2 Janvier 1844, il y en avait 1,112, « et le Préfet de Police déclarait que leur conduite ne donnait pas lieu à de nombreux reproches (1). »

Le meilleur moyen de mettre fin à ces dangers et à ces difficultés serait de supprimer la surveillance.

Du même coup on verrait disparaître deux des raisons principales qui attirent les libérés dans les villes. D'abord le désir bien naturel de fuir les inquisitions méticuleuses et souvent maladroites de la Police de Province, ensuite l'espérance pour ceux qui veulent se réhabiliter qu'à la ville ils trouveront plus aisément du travail. Si après leur mise en liberté ils avaient dans les petits centres et les campagnes la position de tout le monde, si on ne les regardait pas d'un mauvais œil, s'ils parvenaient à s'y procurer de l'ouvrage aussi sûrement qu'ailleurs, ils ne feraient pas difficulté d'y rester, et il n'y aurait plus à se rendre dans les villes que les malfaiteurs obstinés et dangereux, ceux contre lesquels on pourrait sévir sans craindre de se tromper.

On doit aussi considérer que les circonstances de nature à faire admettre la surveillance de la haute police en 1804 et 1810, celles qui l'ont fait maintenir en 1832, sont profondément modifiées.

En 1804 et 1810 il s'agissait d'un vaste Empire dont la

conquête avait reculé les frontières, d'un territoire immense au travers duquel les communications étaient lentes, quelquefois difficiles; la Police était moins promptement informée, il était plus facile de se soustraire à son action; au point de vue politique, le gouvernement pouvait toujours craindre, de la part des peuples conquis impatients du joug, des complots et des soulèvements. En 1832 la France n'avait pas encore son réseau de chemins de fer.

Aujourd'hui l'administration a pour la renseigner et la servir de nombreuses brigades de gendarmerie répandues sur tout le territoire (1); elle dispose de la vapeur et de l'électricité, des chemins communaux unissent entre elles les localités les plus retirées.

Qu'un individu dangereux, profitant lui-même de cette facilité et de cette rapidité de communication, vienne à disparaître du lieu où il réside, la police en est immédiatement informée. S'il fuit par les voies ordinaires, elle a le chemin de fer qui lui permet de le devancer; s'il fuit par le chemin de fer elle a le télégraphe, de telle sorte qu'à ce point de vue la surveillance de la haute police, qui est, entre les mains de l'administration, une arme impuissante (2), est encore une arme inutile (3), une pratique bonne tout au plus à accroître de cinq mille environ par année le nombre des individus qui se tiennent en continuelle révolte contre les Lois de leur pays.

## II.

Si de l'intérêt social nous passons à l'intérêt privé, la surveillance présente des résultats plus funestes. A vrai dire l'intérêt social se trouve encore ici en cause car il comprend la réunion des intérêts privés; mais la société ne viendra plus désormais qu'au second plan.

Ce qu'il y a de plus difficile après une condamnation, c'est de reconquérir le terrain perdu, et de se réhabiliter.

Tout jugement, même correctionnel, est une tache; la tache lavée par l'exécution de la peine, reste la flétrissure. Le condamné en rentrant dans la société, ne retrouve plus la place qu'il y avait laissée. Le préjugé le poursuit, le soupçon se substitue à la confiance, ses meilleures intentions sont méconnues, ses actions les plus loyales commentées, ses démarches les plus simples paraissent équivoques, toutes les portes se ferment devant lui; il va avoir à endurer des affronts, à subir des humiliations, à surmonter des obstacles, à vaincre des résistances qu'il ne soupçonnait pas. La justice est encore un juge moins sévère que l'opinion!

Si telle est la situation du libéré en général, combien sera pire celle du libéré soumis à la surveillance?

Il aura contre lui le public; mais il aura surtout contre lui la loi, — la loi qui le poursuit le dénonce et le frappe après qu'il a expié sa faute.

Le condamné ordinaire peut lutter contre le mauvais vouloir du public, à la longue il peut espérer le vaincre; le condamné surveillé n'a plus qu'à baisser le front et à se soumettre.

Représentez-vous un homme, intéressant par cela seul qu'il est malheureux, frappant à votre porte pour solliciter un emploi ou votre charité. Vous vous prépariez à l'employer ou à le secourir lorsque vous avez aperçu sur son épaule un écriteau le signalant comme un malfaiteur que la police surveille.

Maintenant quel accueil lui ferez-vous?

Aussi le premier presque l'unique soin du surveillé est-il de cacher sa position, que les exigences de la police ne tardent jamais longtemps à divulguer. Alors la réhabilitation que la faute commise et la notoriété de la peine rendaient difficile devient impossible, et le malheureux que l'oubli aurait pu sauver peut-être en est réduit ou à rentrer par désespoir et découragement dans la mauvaise voie, ou à mourir de faim!

Voici au reste comment les choses se passent.

Lorsque le temps de sa libération est venu on le fait descendre au greffe de la maison centrale ou de la prison, et, suivant le régime en vigueur, on lui demande de désigner le lieu dans lequel il entend se rendre ou on le lui impose d'office. Auparavant on lui a fait connaître qu'il existe un certain nombre de villes même de départements interdits d'une manière absolue aux surveillés. Ces lieux sont, d'après la Circulaire du 22 Mars 1852, Paris et sa banlieue, l'Algérie, la Corse, Lyon et l'agglomération Lyonnaise, Toulon, Versailles, tout le département de Seine-et-Oise. A ces interdictions il faut encore ajouter Brest et Lambezellec, les cantons de la Motte-Beuvron, Neung et Salbris dans Loir-et-Cher, la ville et le canton de Pau, Compiègne, Fontainebleau et leurs Arrondissements pour lesquels les anciennes instructions subsistent quoique d'une manière moins absolue (1).

Vainement le libéré fera observer que dans tel lieu se trouve sa famille, son ancien domicile, la fabrique où il est employé, qu'il y exerçait une industrie spéciale. Dans la plupart des cas sa réclamation ne sera pas entendue.

Si la Loi de la surveillance alors en vigueur lui donne la faculté de choisir, ce droit se trouve considérablement restreint par les interdictions légales lesquelles ne comprennent pas moins de trente-six résidences répandues dans vingt départements ; mais de plus l'administration est libre de substituer sa volonté à la sienne car, entre elle et lui nul ne peut intervenir.

Une fois sa résidence fixée, on lui remet un passeport ou feuille de route, portant à la place la plus apparente et en gros caractères :

**F.** pour les individus condamnés aux travaux forcés.

**R.** pour les réclusionnaires.

**C.** pour les condamnés correctionnels (2).

Au dos se trouve de plus l'indication de l'itinéraire que le libéré doit suivre jusqu'à destination. Quand il a subi sa peine dans une maison centrale on lui remet le produit de sa masse, on lui retire le costume des détenus, on lui rend les vêtements qu'il avait lors de son arrestation, après quoi on ouvre les portes de la prison, et on lui dit : — Vous êtes libre !

Libre hélas libre de changer sa prison contre une autre,

plus vaste mais tout aussi pénible, et où il aura en moins la certitude de la nourriture et du gîte.

Il pourra bien vivre quelques jours du produit de sa masse; ce sera peu de chose, car l'État — c'est justice — se réserve la plus grosse part. Avec cette seule ressource il n'ira pas loin!

Lorsqu'il ne possède rien, l'administration, qui se montre à cet égard très-circonspecte (1), lui accorde trois sous par lieue.

Il touche ce secours dans les mairies des villes qu'il traverse.

S'il ne connaît pas le pays et qu'il se trompe de route, s'il prend une direction pour une autre et que les gendarmes le rencontrent, ils constatent qu'il ne suit pas son itinéraire et l'emmènent. Le tribunal devant lequel il comparaît ne peut, malgré sa bonne foi ou son erreur évidente, se dispenser de le condamner pour rupture de ban, l'infraction au ban de surveillance étant quoique punie correctionnellement un délit-contravention qui existe indépendamment de toute intention criminelle (2).

Souvent, plutôt que de conserver cette feuille de route qui l'avilit et le dénonce, le libéré la déchire, prend un faux nom, ou se procure, même par violence, un passeport étranger; les Tribunaux dans ce cas le condamnent pour faux passeport et vagabondage. D'autres fois il se contente de lacérer ou de gratter la lettre qui le marque d'infamie (3). Mais soit qu'il reconnaisse avoir volontairement détruit son passeport, soit qu'il l'ait perdu réellement, il se trouve dans les deux cas en rupture de ban, quand même il n'aurait pas cessé un seul jour de suivre la route qui lui est tracée (4).

Le Ministère public a prétendu voir le délit de rupture de ban dans ce fait que le surveillé, auquel il n'aurait pas été assigné de résidence et dont la feuille de route ne contiendrait aucun itinéraire, aurait été trouvé dans une ville interdite par voie de prohibition générale (5).

Dans ce pénible voyage, le condamné en surveillance a une allure qui devient aisément suspecte. Il baisse le front, fuit les lieux fréquentés, il se sent diminué, humilié, sans cesse menacé, il a conscience de sa situation. Etranger dans les contrées qu'il traverse, s'il s'arrête dans une auberge pour y prendre son repas, s'il se présente dans une ferme pour s'y reposer ou y passer la nuit, on l'accueille avec défiance, on s'informe de son pays, de son état, on lui demande d'où il vient, où il va, on lui fait subir un véritable interrogatoire et ce n'est pas l'intérêt qui provoque ces nombreuses questions! Dans bien des cas on lui marchande l'hospitalité et on exige la production de ses papiers, — papiers qu'il ne peut faire voir sans accroître les soupçons.

Un temps d'arrêt dans sa marche, un séjour de deux fois vingt-quatre heures dans l'une des villes portées sur sa feuille de route pour y embrasser son père, sa mère, sa sœur, un ami, même pour s'y employer à un labeur utile, le constituent en état de rupture de ban.

La nécessité où il se trouve de refuser les offres qui pourraient lui être faites, l'impossibilité d'accepter un service ou d'en rendre, contribuent à lui rendre hostiles les populations qu'il traverse.

On le soupçonne de tous les méfaits commis dans la contrée. Si on l'a vu sur la route le matin et qu'un crime ou un vol viennent à être commis, qu'un incendie s'allume, — aussitôt l'opinion publique l'accuse, on se met à sa poursuite, on l'arrête, on le brutalise, on le livre à la gendarmerie, et le public, en apprenant que cet étranger est un libéré soumis à la surveillance, voit ses doutes se changer en certitude. Il subira pour le moins une détention préventive, et si par la suite il comparaît de nouveau devant la justice, le Ministère public ne manquera pas de relever à sa charge cette poursuite terminée par une Ordonnance de non-lieu.

Si telles sont les conditions du voyage, voyons quelles seront celles du séjour?

Après bien des misères et des souffrances, après les fatigues d'une longue marche, le libéré arrive au lieu de sa destination. Son premier devoir est de se présenter au Commissaire de police ou au Maire et de leur remettre sa feuille de route. On prend son nom, son signalement; s'il est par trop misérable, on lui assure un gîte et du pain. On l'avertit qu'il aura à se présenter à la Police une ou deux fois par semaine, ou que la Police fera des descentes dans son garni; il n'y a pas à cet égard de règle fixe, car aucune Ordonnance ne spécifie de quelle manière s'exercera le contrôle de l'administration (1). Celle-ci qui a reçu le surveillé de la justice, le livre à son tour à la police; d'elle il dépend entièrement, la police exerce sur sa personne un pouvoir sans appel ni contrôle (2).

Au reste quelques mesures que la police emploie pour s'assurer de sa présence; soit qu'elle exige qu'il se présente à elle, soit qu'elle vienne à lui, qu'elle use de son pouvoir avec modération ou rigueur, de toute manière la situation du libéré ne tarde jamais à être connue. Les villes où on l'envoie sont généralement des villes de second ordre qui n'ont pas de travail pour un manœuvre ou un ouvrier étranger, surtout pour un artisan seulement au fait d'une industrie spéciale. Les villes industrielles ou manufacturières, les grands centres populeux où des bras de bonne volonté restent rarement inactifs, lui sont interdits (3). Si l'administration, croyant bien faire, l'a envoyé dans son pays d'origine, le souvenir de sa faute s'ajoutera aux complications de sa situation présente et l'aggravera.

Lorsqu'il existe quelque commerce dans le lieu de sa résidence, sa condition y est au-dessous de celle des plus mauvais ouvriers de la ville. En effet, si on excepte certains travaux de rencontre particulièrement rudes et grossiers que l'on confie volontiers au premier venu et dont ne veulent pas les autres ouvriers, tels que le chargement et le halage des bateaux, le transport de fardeaux pesants, les travaux de terrassier, — fatigues auxquelles le surveillé ne résistera pas pour peu que sa constitution soit faible ou qu'il ait l'habitude d'une industrie sédentaire, il n'est pas un chef d'industrie, pas un entrepreneur qui, ne le connaissant pas, n'exige qu'il justifie à la fois de son aptitude et de ses antécédents. Ce sera tantôt au moyen du livret que la Loi n'impose plus, mais dont les bons ouvriers n'ont eu garde d'abandonner l'usage, tantôt par la production de certificats ou autres papiers.

Le libéré ne peut faire voir que sa feuille de route ou une attestation de la police; et le mystère, qui jusqu'à un certain point le protége, se tourne cette fois contre lui.

Si sa situation vient à être connue (1), sa condition qui jusqu'ici n'était qu'équivoque va devenir intolérable. Personne ne consentira plus à l'employer d'une manière suivie. Si par hasard un patron se décidait à le faire, le surveillé aurait contre lui le mauvais vouloir des autres ouvriers. Quand il parvient néanmoins à rester au chantier ou à l'atelier, patron, contre-maître, ouvriers, exploitent à l'envi sa situation; on ne l'emploie plus qu'aux travaux rudes et difficiles, souvent on réduit son salaire; il est à la discrétion du premier venu. Qu'il s'élève une discussion entre lui et des camarades d'atelier, le patron, sans même l'entendre, lui donnera tort; la justice elle-même pourra devenir partiale à son égard.

Mais pour un qui parviendra à trouver un travail fixe et à le conserver, combien d'autres verront leur bonne volonté paralysée et dont le bras sera condamné au repos!

Or, le repos pour celui dont le travail est l'unique ressource c'est la faim, trop souvent le vol; car, si les ateliers se ferment devant lui, ou s'il se rebute des humiliations qu'il y rencontre, les repris de justice incorrigibles dont il voulait fuir le dangereux contact et qui l'ont reconnu à son isolement, aux refus qu'il éprouve, qui l'ont rencontré dans les bureaux de la police, l'entourent, le menacent s'il leur résiste, l'entraînent et achèvent de le compromettre. Alors, soit désespoir, découragement ou fatigue d'une lutte dans laquelle il ne se sent pas soutenu, l'homme résolu à bien faire, le condamné repentant qui, sans la surveillance, eût pu recommencer une vie honnête, se laisse entraîner au courant qui l'emporte (2).

Il aurait fallu pour qu'il pût vivre de la vie commune et qu'il fût assuré d'avoir du travail, qu'il se fît sur son passé et sa situation présente le plus absolu silence. Il faudrait, — ainsi que le disait en 1833 le Ministre de l'Intérieur, — que, connu de l'administration, il restât inconnu du public (3).

Si, pour se soustraire à cette notoriété qui le dénonce et lui ferme l'accès d'une vie honnête, voulant fuir la misère et les tentations mauvaises, le surveillé quitte sa résidence sans autorisation, et paraît dans un lieu interdit (4), si, sommé d'avoir à quitter l'endroit où il se trouve, il ne se rend pas aussitôt dans celui qui lui est assigné, ou qu'il l'abandonne (1), il se met par cela seul en état de rupture de ban, une nouvelle condamnation peut l'atteindre.

Je sais qu'une Cour d'Appel, se fondant sur les explications échangées lors de la discussion de la Loi de 1832 (2), a décidé que le surveillé qui s'éloigne passagèrement de sa résidence n'encourt aucune peine si son absence est motivée par le besoin de gagner sa vie (3). Mais, depuis le Décret du 8 Décembre 1851 dont la loi a retenu l'esprit, toute tolérance a cessé à cet égard, et l'éloignement, même à quelques kilomètres de la résidence, durant un seul jour, rend le libéré passible des peines de la rupture de ban (4).

S'il travaille, son travail ne sera pas une excuse. On l'arrachera à ses occupations, à la vie laborieuse et honnête qu'il était en train de se faire, on le conduira devant les Magistrats; ceux-ci pourront le plaindre, mais non l'absoudre : la Loi commande, ils doivent obéir.

Si le libéré mendie, peut-être uniquement afin de ne pas voler, on le condamnera pour mendicité. La condamnation pourra être sévère, soit parce qu'il se trouve en état de récidive, soit que les Magistrats disposés à voir dans les délinquants déjà atteints par des condamnations antérieures des malfaiteurs incorrigibles, se préoccupent moins de sa faute que de son passé.

Si n'ayant pu se procurer d'ouvrage, il respecte cependant la loi de la surveillance et qu'il parvienne à vivre, on ne sait comment, sans mendier ni voler, par cela seul qu'il reste sans rien faire il peut être condamné pour vagabondage bien qu'ayant un domicile dans sa résidence, s'il y mène en effet la vie de vagabond (5).

On pourra le condamner à la fois pour vagabondage et rupture de ban (6).

Si enfin pour conjurer tous ces périls il veut se mettre en règle, et quitter une ville où, malgré sa bonne volonté, le travail lui manque, il faut qu'il recoure à l'administration. Quand il subit sa surveillance dans un village ou un hameau, le Maire est en général le premier à l'encourager à partir, sans trop se préoccuper de savoir s'il est en règle, le Maire s'intéresse davantage à sa commune qu'au surveillé, et sa principale préoccupation est de se défaire d'un homme que l'administration lui signale comme dangereux (1). A la ville, il s'adressera au Préfet (2) par l'entremise du commissaire de police ou du Maire. Généralement sa demande sera mal reçue, — la police n'aime pas les déplacements des libérés; elle est exposée tout au moins à faire un stage plus ou moins long dans les bureaux de la police municipale et de la préfecture.

« Toute demande d'autorisation de changement de rési« dence doit être l'objet d'une instruction préalable, le Préfet « doit s'assurer qu'elle est réellement motivée et que le péti« tionnaire, en désignant le lieu où il veut, soit provisoi« rement soit définitivement, transférer sa résidence, n'a « d'autre intention que de se procurer le travail qui lui « manque (3). »

Dans certains cas, le Préfet en réfère au Ministre, de telle sorte que, quelque diligence qu'y apporte l'administration, quelque sommaire que soit l'enquête, ces nombreuses formalités sont cause que dans l'intervalle le libéré a le temps de mourir de faim, d'êtr arrêté pour vagabondage, rupture de ban ou vol.

Au mois d'Avril 1869, à Rennes, un jeune ouvrier de dix-neuf ans, du nom de Verteuil, placé sous la surveillance pour un premier vol, fut condamné de nouveau pour coups. A sa sortie de prison on crut qu'il désirait subir sa surveillance à Rennes, tandis qu'il demandait au contraire à rejoindre à Paris un frère, chef d'atelier, chez lequel il travaillait.

Il fallut trois semaines pour rectifier l'erreur. Pendant ce temps, Verteuil, sans travail et sans ressources, loin de sa famille, demeurait exposé à la fréquentation et aux pernicieux conseils de ceux qui l'avaient perdu une première fois.

Le moyen le plus sûr d'étudier le fonctionnement d'une diposition, soit administrative, soit législative, consiste à ouvrir une enquête parmi les personnes chargées de l'appliquer et parmi celles qui en subissent les rigueurs.

On trouvera plus loin les résultats de l'enquête ouverte au sein de la Magistrature et parmi les administrateurs; mais on n'a pas songé encore, que je sache, à interroger les individus soumis à la surveillance. Dans la pensée que l'on pourrait recueillir de leur bouche des vérités bonnes à connaître, tirer de leur situation prise sur le vif un utile enseignement, j'ai consulté le dossier d'un grand nombre de surveillés en rupture de ban.

Leurs récits, consignés dans la procédure, m'ont paru présenter un saisissant et émouvant tableau des périls d'une situation sans issue.

A une question uniforme on trouve toujours la même réponse.

D. Pourquoi avez-vous quitté votre résidence sans autorisation?

R. Parce que je manquais d'ouvrage.

Sur cent individus condamnés pour rupture de ban il s'en rencontre en moyenne soixante-dix-neuf qui ont provoqué eux-mêmes leur arrestation. Lorsqu'ils interjettent appel c'est pour demander que la surveillance soit remplacée par l'emprisonnement, — la peine dût-elle être plus forte ou que la Cour augmente la détention et retarde ainsi le commencement de la surveillance.

La prison est un refuge pour ceux que la surveillance attend!

Loré (*Jean-Baptiste*), 26 ans, condamné le 25 juin 1869 par le Tribunal de Fontainebleau pour vagabondage, à six mois de prison et deux ans de surveillance (1), reçoit à l'expiration de sa peine Laval pour résidence. — « Je m'y suis rendu, mais j'en suis parti parce que je n'y ai pas trouvé d'ouvrage.

« D. Il est peu probable que vous ayez cherché du travail, en tout cas il fallait demander une autre résidence.

« R. Je l'ai fait, mais elle m'a été refusée. Je ne voulais pas aller à Laval où je savais que je ne trouverais pas à m'occuper. Je m'y suis rendu avec le secours de route qui m'avait été accordé. J'avais alors 2 fr. 50 c. Je me suis adressé à onze maîtres maçons qui n'ont pas voulu me prendre comme ouvrier parce que le commissaire de police n'a pas consenti à me donner un certificat à défaut de livret. »

Loré est condamné à un mois de prison.

De Léger (*Jean*), 31 ans, commis en écritures, a subi dans un espace de dix années seize condamnations pour les délits négatifs de vagabondage et de rupture de ban. — « Je suis sous la surveillance de la haute police, la ville de Rennes m'a été assignée pour résidence; je l'ai quittée sans en avoir obtenu la permission, je savais bien que je me mettais en rupture de ban mais il fallait que je vive! »

Dubuc (*Louis-Antoine*), 56 ans, menuisier, neuf condamnations pour mendicité, vagabondage et rupture de ban. — « Il s'est présenté à nous, — rapporte le procès-verbal de gendarmerie, — et nous a déclaré qu'il était en rupture de ban, que de plus il était sans domicile et sans moyens d'existence, qu'il désirait être arrêté. » Devant la cour de Rennes, Dubuc fit connaître les faits suivants : — « J'avais demandé à me rendre au Havre où ma famille est connue, et où, par considération pour elle sinon par compassion pour moi, on eût peut-être consenti à me procurer du travail; mais, sans vouloir m'entendre, on m'a assigné Marseille. Je fus ensuite envoyé en surveillance à Lille où, malgré ma bonne volonté, je n'ai pu parvenir à trouver d'emploi. On m'avait dit : — Venez à la police on vous donnera du pain. J'y allai en effet, et, pendant quelque temps, on me procura du pain et un billet de logement, mais un jour on me signifia que je n'avais plus rien à attendre. Il ne me restait plus d'autre ressource que de me faire arrêter par la gendarmerie. »

Mevel (*Joseph*), 37 ans. Le sieur Sévré, boucher à Brest, déclare que : « Mével s'est introduit dans sa boutique en lui montrant un papier qu'il n'a pu lire et lui affirmant que depuis deux jours il manquait de travail et qu'il avait faim. — « Je ne lui ai rien donné et je lui ai dit qu'il pouvait travailler étant valide. Cet individu m'a répondu : — Vous n'avez pas de cœur! »

Le tribunal de Brest condamne Mével, pour délit de rupture de ban, à un an et un jour de prison.

Bernard (*Prigent*), 38 ans, neuf fois condamné pour vagabondage, rupture de ban et mendicité, ayant subi, de ce chef, près de dix années d'emprisonnement, manque de travail.

rompt son ban et se fait arrêter par la gendarmerie : — « Ce « jour, vers huit heures du soir, un individu de mauvaise « mine et *tombant presque d'inanition* s'est présenté devant « nous à notre caserne en nous déclarant qu'étant en surveil- « lance à Plougastel et n'y trouvant pas d'ouvrage il s'était « décidé à s'en échapper pour aller en chercher dans les en- « virons de Landerneau, mais que n'ayant pu s'en procurer « il s'était dirigé du côté de la Feuillée, ajoutant que, *n'ayant « pas mangé depuis la veille* et ne pouvant aller plus loin « faute de ressources, il venait se faire arrêter. »

DANIGO (*Mathurin*), 39 ans. — « Je suis sorti de la prison de Draguignan le 23 Septembre dernier, depuis cette époque je suis en route. Je me suis fait arrêter à Moncontour (Côtes-du-Nord), à l'autre bout de la France, le 14 Novembre, parce que j'étais sans ressources et que je ne voulais pas voler. »

Six mois de prison.

MORANDO (*Edouard*). — D. Vous êtes inculpé d'avoir, sans autorisation, quitté la commune de Rouage qu'il vous avait été permis d'habiter pendant un mois. Vous deviez être rentré à Nantes le 17 Août.

R. Je reconnais ma faute, mais je me croyais autorisé à outrepasser le délai qui m'avait été accordé dans le cas où j'aurais du travail. A mon arrivée à Rouage, ne trouvant pas le travail sur lequel je comptais, j'appris que je pourrais être employé au Pont-de-Pilou. De là j'écrivis à M. le Préfet de la Loire-Inférieure pour lui demander de vouloir bien m'assigner cette nouvelle résidence pendant trois mois. Je n'ai pas reçu de réponse et je me suis cru par cela même autorisé à rester.

DOUÉRIN (*Charles*). — D. Vous êtes sous la surveillance de la haute police à Cancarneau. Pourquoi êtes-vous venu à Quimper sans autorisation?

R. J'ai demandé du travail à M. le Maire de Cancarneau, il m'a répondu que je devais aller à Douarnenez, mon pays d'origine, que pour lui il n'avait pas de travail à me donner.

D. Pourquoi ne vous mettiez-vous pas en règle en demandant une autorisation ?

R. Il aurait fallu attendre quelques jours et je ne le pouvais pas n'ayant aucune ressource. Je savais que je commettais un délit en quittant ma résidence, mais il m'était impossible de faire autrement.

Le tribunal de Quimper, considérant Douérin comme un insoumis incorrigible, le condamne à cinq années d'emprisonnement.

Boivin (*Claude*), dessinateur sur étoffes, 42 ans, condamné treize fois de 1861 à 1865 à un total de trois ans et neuf mois de prison pour vagabondage, mendicité et rupture de ban, renvoyé par la dernière condamnation en surveillance à Laval, rompt son ban et se fait volontairement arrêter à quelques lieues de la ville. — « Je suis en état de rupture de ban. Ne « trouvant pas à m'occuper de mon état à Laval et ne pou- « vant m'employer à d'autres travaux parce que j'ai été « blessé à la jambe droite; j'ai voulu voir si je pourrais avoir « de l'ouvrage ailleurs. Jusqu'à quarante ans je n'avais pas « subi de condamnation, mais ayant été chercher fortune « en Californie, quand je suis revenu je n'ai plus trouvé ma « femme à laquelle j'avais laissé une procuration générale; « elle s'était enfuie à l'île Maurice après avoir vendu tout ce « que je possédais.

« Vous savez quelle est la position des individus placés « sous la surveillance, surtout quand ils ont un état qui ne « peut s'exercer que dans les grandes villes (1). »

Deux mois de prison.

Vantier (*Louis-Georges*). — « On m'a délivré un passeport avec secours de route pour Rennes. J'y suis arrivé le 5 Janvier, j'ai déposé mon passeport à la Police, et j'ai cherché de l'ouvrage dans plusieurs ateliers; mais lorsqu'on est sous la surveillance et qu'on n'a ni papiers ni argent, on ne trouve pas d'ouvrage, c'est ce qui m'est arrivé.

D. Quel jour avez-vous quitté Rennes?

R. Hier 6 Mars. J'ai passé au bureau de police, j'ai dit que je ne trouvais pas d'ouvrage et que j'allais demander la déportation. On m'a répondu *que c'était difficile* et que je ne pourrais guère l'obtenir qu'une fois en prison. J'ai répondu que dans ce cas j'allais me faire arrêter. Je me suis rendu à

Châteaubourg et je me suis présenté aux gendarmes. Je n'ai ni livret ni argent, mon passeport est resté au bureau de police de Rennes.

Treize mois de prison.

Dufrost (*Joseph-Marie*), 38 ans, poursuivi pour rupture de ban et condamné par la cour de Rennes à treize mois de prison.

Un sieur Veillault, entendu dans l'enquête, dépose en ces termes : — « Hier 15 courant, j'étais sur ma porte lorsque cet individu vint à moi et me demanda à parler au Maire. Il me dit qu'il avait couché dehors. Il ajouta : J'ai faim, pourriez-vous me donner à manger? il me demanda aussi à boire. Il dit encore : — Fallait-il que l'on m'empêchât de gagner mon pain! le Commissaire de Police de Craon et le Maréchal-de-logis de gendarmerie m'ont chassé sans me donner un sou! Environ une demi-heure après je le retrouvai au milieu du bourg. M. le Maire, me dit-il, n'est donc pas ici, mais il y a du moins des gendarmes! Si on m'abandonne ainsi, je ne quitterai pas le village sans commettre un vol. »

Laudouaz (*François*), 32 ans. — « J'ai demandé à aller à Belfort en Alsace et cela ne m'a pas été accordé.

D. Pourquoi ne vous êtes-vous pas rendu à Châteaulin votre résidence obligée?

R. Parce qu'on n'y trouve pas un travail suffisamment rémunéré. Lorsque l'on y obtient de l'ouvrage — et il n'y en a pas pour tout le monde — on ne gagne que trente centimes par jour.

D. Pourquoi alors ne retournez-vous pas près de vos parents, vous y trouveriez sans doute des ressources?

R. Je préfère mourir de faim plutôt que de leur faire honte en revenant chez eux. »

Roux (*Ernest*), doreur sur bois, 25 ans.

D. Ne vous avait-on pas assigné Rennes pour résidence, pourquoi avez-vous quitté cette ville sans autorisation?

R. Je suis en effet en résidence à Rennes, mais depuis un mois que j'y habite je cherche infructueusement de l'ouvrage, n'ayant plus d'argent, souffrant de la faim, couchant dehors dans les derniers jours, j'ai quitté cette ville et je me suis fait arrêter à Bain.

D. Pourquoi n'avez-vous pas demandé l'autorisation exigée en pareil cas?

R. Il faut au moins trois semaines pour l'obtenir, je ne pouvais attendre aussi longtemps.

Trois mois de prison.

Le Bars (*Yves*), 62 ans, a subi quatorze condamnations et huit années et huit mois de détention pour mendicité vagabondage et rupture de ban : — « Étant perclus de douleurs, « dit-il, ne pouvant plus travailler, je prie avec instance le « Tribunal de me condamner à plusieurs années de prison, « afin que l'on m'envoie dans une maison centrale. Si le Tri« bunal ne me donne que quelques mois, je serai dans la né« cessité à l'expiration de ma peine, de me faire condamner « de nouveau. »

Le tribunal de Morlaix ayant condamné Le Bars seulement à quatre mois de prison, celui-ci interjeta appel et fit connaître ses motifs dans une lettre au Procureur Général de Rennes :

« *M. le Procureur Général, j'ai rappelé à Rennes parce « que je n'ai pas été envoyé dans une maison centrale. Je « suis dans une position tellement malheureuse que j'en suis ré« duit à demander à être condamné à cinq ans de prison. Je vous « prie, Monsieur le Procureur Général, d'avoir la bonté de me « donner le maximum de la peine attachée à la rupture de ban.* »

Le Ministère public répondant au désir de Le Bars interjeta appel *a minimâ*, afin de permettre à la Cour d'élever la peine, et celle-ci le condamna à deux années d'emprisonnement.

Voici une autre lettre qui m'a paru également digne d'être conservée :

« *Monsieur le Président, Messieurs les Conseillers, je suis hon« teux d'en être réduit à venir implorer votre clémence après « avoir subi un grand nombre de condamnations, quoique toutes « ou presque toutes aient été prononcées pour vagabondage, mendicité ou rupture de ban. Par un concours de circonstances*

« *que je ne puis éviter, je retombe toujours dans l'un ou l'autre*
« *de ces délits.*

« *J'arrive dans la ville qui m'a été assignée pour résidence, je*
« *me mets en devoir d'y trouver du travail et je fais tous mes*
« *efforts pour n'en point sortir. Mais le jour où le travail manque*
« *il faut bien que j'en cherche ailleurs; alors je quitte la ville,*
« *mais n'ayant ni argent ni travail, je recours à la charité pu-*
« *blique, et me voilà coupable de mendicité! Vous devez savoir*
« *combien est difficile la situation d'un malheureux sous la sur-*
« *veillance; ce n'est pas moi, coupable et condamné, qui me per-*
« *mettrai de mettre en doute son utilité, mais il me sera du moins*
« *permis de dire que je suis une de ses victimes. Je me vois sans*
« *cesse exposé à irriter mes juges, sans mauvaise volonté de ma*
« *part, et à traîner misérablement dans les prisons une existence*
« *dont presque la moitié a été consacrée au service de l'État.*

« *Quinquis (René), ancien soldat d'Afrique,*
« *au 2e bataillon de zouaves.* »

J'aurais pu accumuler les citations, multiplier les exemples; mais le nombre des témoignages n'eût rien ajouté à leur force. J'aurais pu allonger indéfiniment la liste des individus signalés par le casier judiciaire comme ayant encouru de dix à vingt condamnations, subi de six à dix-huit années de prison, sans avoir pourtant à se reprocher d'autres fautes que la rupture de ban, le vagabondage ou la mendicité, — gens pour la plupart inoffensifs, tout au plus coupables de paresse ou d'inconduite, que la loi traite cependant à l'égal des plus dangereux malfaiteurs!

Leur situation est en général si lamentable, leur misère si profonde, leur sort si digne de compassion, que j'ai vu mainte fois les Magistrats et le public s'attendrir à leur récit et le condamné quitter l'audience en emportant le produit d'une collecte faite parmi les membres du Tribunal.

Il n'y a de remède à la surveillance que *la Réhabilitation*.

Le condamné qui obtient sa grâce pense que la surveillance va tomber avec la peine. Il n'en est rien; la surveillance est une *incapacité* que la réhabilitation seule a le pouvoir d'anéantir (1). Il y a entre la grâce et la réhabilitation cette différence que la première n'efface que la peine, tandis que la seconde fait disparaître la condamnation. Mais ses nombreuses formalités, l'observation des délais nécessaires, certaines exigences spéciales, en font pour le libéré une ressource presque nulle (1).

D'abord il ne pourra présenter sa demande que cinq ans après sa libération s'il a été condamné pour crime, et après trois ans s'il s'agit d'un délit. Il faudra qu'il ait résidé sans interruption dans le même arrondissement pendant cinq ans ou trois ans, suivant la distinction précédente, qu'il ait habité deux ans de suite la même commune. Il devra justifier de sa conduite dans le lieu de déportation, la maison centrale ou la maison d'arrêt, établir qu'il a intégralement payé les frais de justice, l'amende et les dommages-intérêts, qu'il lui en a été fait remise ou qu'il a subi le temps voulu de la contrainte par corps. Il devra produire des attestations motivées et spéciales des Conseils municipaux des communes dans lesquelles il a successivement résidé. L'avis du conseil municipal sera suivi des avis distincts et motivés du Maire, du Juge de paix, du Sous-Préfet. La Cour et la Chancellerie pourront prescrire de nouvelles enquêtes (2).

Que d'exigences, et combien de formalités minutieuses!

La plus redoutable est sans contredit la grande publicité donnée à la demande, la publicité, c'est-à-dire ce que le libéré redoute le plus, et ce que ses efforts ont constamment eu en vue de fuir. Il faudra qu'il divulgue une situation qu'il sera parvenu à cacher, il faudra qu'il commence par se dénoncer lui-même !

Si les nombreuses exigences de la réhabilitation la rendent inabordable pour les individus soumis à la surveillance, si son succès est toujours incertain, c'est de plus une ressource à peu près inconnue de ceux qui auraient le plus d'intérêt à y recourir (3).

« On peut affirmer que le progrès dans les demandes de « réhabilitation serait plus sensible, — disait, en 1863, M. le « Garde des Sceaux, — si, au cours et surtout à l'expiration « de leur peine, les détenus recevaient des instructions sur « les conditions à remplir pour obtenir la réhabilitation et

« des exhortations à mériter cette réintégration dans tous « les droits du citoyen (1). »

La statistique justifie pleinement cette observation, car pour une moyenne de huit mille individus placés chaque année sous la surveillance, on trouve un chiffre de réhabilitations variant annuellement entre 35 et 40 (2).

Il serait donc téméraire de considérer la réhabilitation comme un remède à la surveillance.

C'est tout au plus une mesure exceptionnelle, peu connue et rarement employée, une ressource suprême dont un très-petit nombre de surveillés sont en état de tirer profit.

## III.

Nous venons de voir la surveillance à l'œuvre, nous avons recherché ses conséquences morales et sociales, il nous reste à l'étudier dans sa partie historique, législative et jurisprudentielle, à la suivre dans ses diverses métamorphoses, à voir, la loi en main, ce qu'elle a été, ce qu'elle est actuellement, et, — si elle doit être maintenue, — ce qu'elle pourrait devenir.

La surveillance de la haute police n'existe que dans la Loi française; les Nations qui ont adopté, en matière Pénale comme en matière Civile, les principes de nos Codes, notamment l'Italie, en ont effacé la surveillance.

Pour lui trouver des analogies dans les législations étrangères actuellement en vigueur il faut recourir au Code du Brésil qui met au nombre des peines l'exil local (3), au Code Prussien, aujourd'hui le Code Allemand qui apporte certaines restrictions à la mise en liberté des coupables après qu'ils ont subi le châtiment (4).

La surveillance de la haute police est sans précédents dans notre ancien Droit, car ni l'abstention de lieu, c'est-à-dire l'ordre donné par le juge de s'éloigner pour un temps d'un lieu déterminé (1), — peine arbitraire et exceptionnelle qui se rapprocherait davantage des prescriptions du second paragraphe de l'Art. 635 du Code d'Instruction Criminelle, ni l'expulsion du territoire prononcée par l'Edit de 1601 contre les braconniers après deux récidives, ne présentent des rapports même lointains avec les principes de la surveillance.

Il en fut question pour la première fois dans le Sénatus-Consulte organique du 28 Floréal An XII (18 Mai 1804) :

« Lorsque la Haute Cour Nationale acquitte elle peut mettre « ceux qui sont absous *sous la surveillance ou à la disposition* « *de la Haute Police* de l'État pour le temps qu'elle déter-« mine (2). »

Le Code Pénal du 25 Septembre 1791 ne crut pas devoir accueillir la surveillance, mais on la vit reparaître dans deux Décrets des 19 Ventôse an XIII (10 Mars 1805) et 17 Juillet 1806. Toutefois, ces Décrets ne concernaient que les forçats libérés.

Celui de l'An XIII dispose qu'ils seront tenus de faire connaître lors de leur sortie du bagne la commune où ils entendent résider et qu'ils y demeureront sous la surveillance de l'autorité locale (3).

En vertu du Décret de 1806, le séjour de Paris des résidences impériales, des villes frontières, de celles où existaient alors des bagnes, le séjour des places de guerre, furent interdits d'une manière absolue aux forçats libérés. Ils ne pouvaient changer de résidence sans autorisation, le Ministre de la Police était libre de les déplacer et de leur assigner un nouveau domicile (4).

En 1810, la surveillance, qui n'avait été jusqu'alors qu'une mesure administrative et de police prise en vertu de Décrets impériaux contre les forçats libérés, et à l'exécution de laquelle les Magistrats restaient étrangers, prit définitivement place dans nos Lois pénales, et une partie des pouvoirs attribués à l'administration passa aux Tribunaux.

Les travaux préparatoires ne montrent pas que la question ait été sérieusement approfondie ; on voit bien Cambacérès résister un moment à la majorité du Conseil et demander que la surveillance fût seulement prononcée pour crime ; on voit la commission de législation émettre le vœu que cette mesure rigoureuse ne soit admise qu'avec une extrême circonspection, mais nulle part on ne trouve la trace d'un débat sérieux, et Target au Conseil d'Etat, le Comte Treilhard, M. d'Haubersart au Corps Législatif, purent faire l'apologie de la surveillance sans être contredits.

« L'infamie, — disait Target, — ne cesse pas par le cours du « temps, le condamné ne recouvre jamais ni l'honneur ni « les droits dont l'infamie l'avait dépouillé. Ce n'est point à « ces hommes qu'il appartient de réclamer les avantages de « la Constitution qui ne fut pas faite pour eux, ils retombent « de droit sous la surveillance du gouvernement.

« La sûreté publique tient essentiellement à cette mesure, « elle est efficace, elle est sage, elle ne blesse ni la Constitu- « tion ni les droits des hommes, elle est même conforme à « l'esprit de cette Constitution qui permet de placer tout « un département hors de son empire lorsque la nécessité « exige qu'il passe sous un régime plus ferme et plus expé « ditif.

« ..... Ainsi les vagabonds, les gens non domiciliés, les « gens sans aveu lorsqu'ils sont signalés individuellement « par la justice, les condamnés aux peines afflictives ou infa- « mantes après l'expiration de leur peine, resteront tous sous « la main de l'autorité. Sans doute l'autorité n'est pas pour « cela dispensée d'être juste envers eux, *mais leur unique « garantie de cette justice repose sur les lumières et l'équité du « gouvernement. Ils sont, quant à leur liberté personnelle, trans- « férés de l'empire de la loi sous celui de l'administration*... De « tous les moyens de s'assurer de la sagesse de ces hommes « et de préserver la société de leurs excès, celui-là est le plus « sûr et le plus simple. Les malfaiteurs se flattent bien sou- « vent d'échapper aux poursuites de la loi, mais ils n'espèrent « pas de même tromper à tous les instants l'œil vigilant de « la police publique toujours ouvert sur leurs actions.

« Nous proposons d'abandonner à la vigilance éclairée du « gouvernement les coupables jugés selon la loi (1). »

« Quand cette restriction des droits individuels pourrait « être considérée comme une aggravation de la peine prin- « cipale, — disait à son tour M. Berlier, — elle serait juste « encore puisqu'elle complète la garantie sociale (2). »

Le système de 1810 répondit à ce que promettait un pareil exposé : il fut implacable.

Une mesure exceptionnelle, spéciale aux forçats libérés, fut étendue à tous les condamnés à la détention, à la réclusion et attachée en outre à un grand nombre de délits.

Le surveillé fut remis à l'expiration de sa peine à la disposition du gouvernement qui pouvait le déplacer à sa fantaisie, le contraindre à s'éloigner d'un lieu, à résider dans un autre.

En cas de désobéissance, ou simplement si l'administration craignait pour la sécurité publique, le condamné libéré pouvait être détenu sans jugement. L'administration n'était même pas astreinte à lui faire connaître les motifs de sa décision et l'agent qui avait pris l'initiative d'une semblable mesure ne pouvait en aucun cas être recherché pour séquestration arbitraire. Si le surveillé rompait son ban, la détention administrative se substituait au temps de surveillance qui restait encore à faire; lorsque la surveillance était à vie l'emprisonnement pouvait être perpétuel.

A ces rigueurs, il existait il est vrai une compensation : le cautionnement.

Dès l'instant où le condamné pouvait fournir une caution solvable de bonne conduite il échappait à l'administration. Mais dans la plupart des cas le libéré était hors d'état de profiter de cette ressource. Qui en effet eût voulu donner sa caution personnelle à un criminel, à un délinquant vagabond ou repris de justice ? Sa famille seule était capable de cette assistance; mais ou bien elle abandonnait à son malheureux sort un membre qui la déshonorait, ou sa bonne volonté était paralysée par son manque de ressources.

Au reste cette garantie déjà illusoire ne tarda pas à disparaître, un avis du Conseil d'État du 4 Août 1812 rendu exécutoire par Décret impérial du 20 Septembre, ayant décidé, contrairement à la disposition formelle de la Loi et à l'avis du Préfet de Police (1), que le cautionnement était établi non en faveur de l'accusé, mais dans l'intérêt exclusif du gouvernement (2). Si le jugement ou l'arrêt avaient déterminé le chiffre, l'administration s'attribuait le pouvoir d'en refuser la réalisation ; si la somme n'était pas fixée, l'administration et la partie civile, à l'exclusion du condamné, avaient seules capacité pour réparer cet oubli, de telle sorte que, dans la pratique, il n'était resté du système de 1810 que ses rigueurs.

Cet état de choses dura vingt-trois ans.

Ce ne fut qu'au lendemain de la révolution de 1830, sous l'empire du mouvement libéral provoqué par elle et seulement le jour où on songea à réviser nos Codes criminels, que l'attention du législateur fut appelée sur le sort des individus soumis à la surveillance.

« Le mode actuel de surveillance, — disait M. le Garde des « Sceaux, Barthe (1), — élève des obstacles presque insur« montables contre l'amendement des criminels. Les mesures « qu'il est nécessaire de prendre pour s'assurer que le libéré « occupe la résidence qu'on lui a dû assigner, donneront à « la publicité de la condamnation une publicité inévitable. « Surveillé par des agents subalternes, signalé à la défiance « des maîtres, à la jalousie des ouvriers, suspect de tous les « crimes qui se commettent dans le lieu où il réside, le libéré « ne trouve plus de travail. L'impossibilité de gagner honnê« tement son pain étouffe en lui toute résolution d'une vie « meilleure, la misère rappelle et entretient ses anciens pen« chants au crime, et il se jette dans la récidive aussi souvent « par désespoir que par perversité. Les libérés qui veulent « s'amender essaient par tous les moyens d'échapper *au sup« plice* de la surveillance de la haute police (2). »

Les réformes de 1832 furent inspirées par un juste esprit de réaction contre le Code de 1810. Le rapporteur de la nouvelle Loi disait à la Chambre des Députés : « Le vœu pu« blic (3) les sollicite, l'humanité les réclame, la prudence « les conseille, la Magistrature est d'accord avec l'opi« nion (4). »

Il ne fallut pas beaucoup d'efforts pour démontrer que le système de surveillance alors en vigueur dépassait le but.

« L'ancienne législation, — disait encore M. Barthe, — avait « de funestes conséquences. Un individu placé dans le lieu in« diqué sans pouvoir en sortir ne trouvait pas de moyens « d'existence, les ouvriers ne voulaient pas le recevoir ; « la conséquence de cette impossibilité de gagner sa vie,

« c'est que le désespoir autant que sa perversité le rejetait « dans le crime (1). »

Aussi les avis se trouvèrent-ils unanimes pour répudier l'ancien système. On examina alors si la garantie du cautionnement devait être maintenue, on discuta certaines formalités de détail, mais on pensa que la surveillance de la haute police apportait une garantie sérieuse à la société (2), et au sein des deux Chambres, il ne s'éleva qu'une seule voix, celle de M. Vatout, Député de la Côte-d'Or, pour en demander l'abrogation.— « Évitons, disait M. Vatout, évitons tout ce qui per« pétue la faute au-delà de la peine, et la peine au-delà du « jugement. Héritage d'un pouvoir ombrageux, la surveil« lance ajoute à la sévérité légale de la justice tous les ca« prices de l'administration, *elle transforme en parias* ceux « qu'elle atteint; c'est peu d'avoir subi le châtiment, il faut « qu'ils passent à un supplice non moins douloureux que « la perte momentanée de leur liberté.... *C'est une peine « à abroger* (3). »

Si la surveillance de la haute police ne fut pas abrogée en 1832, on doit reconnaître qu'elle perdit beaucoup de sa rigueur et de son arbitraire.

On supprima le cautionnement, garantie que l'on aurait peut-être pu conserver en la dégageant de ses restrictions, car, — ainsi que le faisait encore observer l'honorable député de la Côte-d'Or : « Cette surveillance n'est pas toujours appli« quée à des misérables qui ont mérité les travaux forcés, « il arrive qu'on l'inflige à des hommes coupables de délits « politiques. C'est dans ce cas une tache honteuse infligée à « un crime plus dangereux qu'infamant. » Enfin la loi nouvelle transféra aux tribunaux — ce fut là sa plus importante réforme — le pouvoir attribué à l'administration.

Sauf certains lieux que celle-ci conservait la faculté d'interdire, soit par mesure générale, soit en vertu de prescriptions particulières, le libéré choisissait le lieu de sa résidence. Il recevait une feuille de route et était seulement tenu de faire sa déclaration au Maire lors de son arrivée, il pouvait changer de lieu en prévenant trois jours d'avance (4).

S'il omettait quelqu'une de ces formalités il était traduit devant les tribunaux pour rupture de ban.

Avec ce système, si le libéré ne recouvrait pas sa liberté entière, si l'administration continuait à surveiller sa conduite et ses déplacements, du moins l'action de la police s'exerçait de loin, dans l'ombre, sans dénoncer le surveillé à la défiance du public.

« Aujourd'hui, — dit une Circulaire Ministérielle du « 18 Juillet 1833, — plus de résidences obligées, plus de dé« tentions administratives. L'effet du renvoi sous la surveil« lance de la haute police est de donner au gouvernement « le droit de défendre aux condamnés de paraître dans cer« tains lieux après qu'ils auront subi leur peine. Si l'on en « excepte les localités interdites, les condamnés sont libres « de s'établir dans toutes les autres, et de *changer de rési« dence à leur gré*. Seulement, ils sont assujettis, dans un in« térêt de sûreté publique, à certaines formalités dont l'o« mission les rend passibles d'un emprisonnement qui peut « s'étendre à cinq années... Ainsi les condamnés doivent « être dispensés à l'avenir de toutes ces mesures de police « qui, en donnant au fait de la surveillance une publicité « inévitable, les frappaient d'une sorte de réprobation uni« verselle et les mettaient dans l'impossibilité d'amender « leur conduite. Ils ne seront plus assujettis à se représenter « à des époques périodiques, comme on leur en avait im« posé l'obligation dans certaines villes. *Il faut qu'ils soient « toujours connus de l'administration, mais autant que possible « qu'ils restent inconnus du public.* »

La formalité de la déclaration au Maire dans les vingt-quatre heures de l'arrivée du libéré se trouvait suffisamment remplie par le dépôt de sa feuille de route à la Mairie. Il en était de même de la déclaration exigée dans les trois jours du départ pour changement de résidence, il suffisait que le surveillé demandât une feuille de route en faisant connaître le lieu où il entendait se rendre.

Comme ce n'était pas une autorisation qu'il sollicitait, mais une déclaration qu'il faisait, et un simple avis de sa part, ni le Maire, ni le Commissaire de police n'avaient le droit de se refuser à lui délivrer sa feuille de route, et le surveillé pouvait les attaquer administrativement pour refus de passeport.

Il ne devait même être astreint à cette formalité qu'en cas

d'éloignement définitif, ou pour un temps prolongé. La pensée de la Loi était qu'il lui fût laissé une certaine latitude afin qu'il pût vaquer à ses affaires hors de sa résidence et même chercher du travail dans les environs.

Rien de plus formel à cet égard que les paroles du rapporteur à la Chambre des Députés, et la déclaration du Ministre de la Justice. — « Les condamnés pourront aller d'une commune « dans une autre pour chercher du travail. Ces excursions, « qui peuvent durer deux ou trois jours, ne constituent « pas un changement de résidence.... Il est certain qu'un « individu qui aurait fixé sa résidence à Paris, et qui irait « passer quelques jours à Auteuil, ne serait pas dans le cas « d'un individu qui veut changer de résidence (1). »

Le refus par le libéré de faire connaître à sa sortie de prison le lieu où il voulait résider, ou sa persistance à choisir une ville dont le séjour était interdit, constituaient une désobéissance aux dispositions de l'Art. 44 et étaient punis des peines de l'Art. 45 (2).

Quelque favorable que fût ce système, il maintenait à la charge du surveillé des exigences fort lourdes et des formalités révélatrices de sa situation.

On pouvait à la rigueur comprendre que la Loi, tout en lui laissant une certaine latitude, ait cru devoir continuer à lui interdire certains lieux.

« La sûreté des personnes et des propriétés est intéressée à « ce que le criminel ne vienne pas après la consommation « de sa peine porter l'épouvante dans les localités qui lui « sont connues et exercer contre les plaignants, les jurés, « les témoins, d'atroces vengeances (3). »

Mais à quoi bon avoir conservé la feuille de route avec ses lettres accusatrices ?

Pourquoi avoir maintenu l'usage d'un itinéraire obligé sous peine de rupture de ban ?

Comme l'administration s'était réservé le droit d'interdire certains lieux, certaines villes, certains départements dont elle pouvait toujours accroître le nombre, on en arriva à se demander s'il ne lui était pas loisible de comprendre dans une interdiction générale tous les départements de France, sauf un seul (4).

L'administration pouvait contraindre le surveillé à s'éloigner de sa résidence si elle appréciait que sa conduite y pût devenir un danger ou une cause de scandale (1).

Enfin, quelque soin que la Loi de 1832 ait mis à limiter l'action administrative, il restait encore une large part à l'arbitraire, car à cette époque pas plus qu'à toute autre aucune Ordonnance, aucun Arrêté ni Règlement ne sont venus déterminer la limite de ses attributions. Aussi malgré les déclarations faites aux Chambres, malgré les circulaires et les instructions libérales des Ministres de 1832, les tendances de la police ne tardèrent pas à prendre le dessus. Peu à peu ses exigences se multiplièrent, les obstacles grandirent, et dans son application, la Loi du 28 Avril 1832 fut loin de réaliser les adoucissements qu'on en avait attendus (2).

En 1844, deux Pairs de France, le Comte Beugnot et le Président Boullet demandèrent qu'on en revînt avec quelques modifications au système de 1810.

Les auteurs de la proposition s'appuyaient sur vingt-quatre délibérations de Conseils Généraux desquelles il ressortait que la faculté de changer de lieu annulait implicitement la surveillance, et signalaient les progrès de la récidive en faisant des libérés ce tableau menaçant : « Marqués d'un stigmate « presque indélébile, corrompus souvent par le séjour des « bagnes et des prisons, engagés dans des associations crimi- « nelles, ces malheureux sont pour les gens honnêtes un « juste sujet d'effroi. Ceux mêmes sur qui la peine subie au- « rait exercé une salutaire influence sont privés par la répu- « gnance qu'ils inspirent de ressources et d'appui. Livrés « aux mauvais conseils du besoin à ceux plus dangereux « encore de leurs compagnons d'infortune, ils sont presque « fatalement entraînés de nouveau dans le crime. De là ces « récidives dont le nombre va croissant, ces associations de « malfaiteurs qui troublent la sécurité des grandes villes et « surtout de la capitale, ces forfaits exécrables dont l'ac- « complissement épouvante la société. L'autorité, désar- « mée de moyens efficaces de surveillance, ne peut rien « faire pour empêcher ces désordres et est réduite au lieu « de les prévenir à en poursuivre ou à en faire punir les au- « teurs. »

« Les libérés, en sortant des bagnes, des maisons centrales « ou des prisons départementales, sont plus vicieux ou au « moins aussi vicieux qu'ils y étaient entrés, et par consé- « quent ils n'éprouvent aucun besoin de travailler, dès lors « tous les efforts qu'on a faits en supposant que ces hommes « rentreraient dans la société avec des dispositions bonnes ou « passables l'ont été en pure perte. La faculté dont ils jouis- « sent de pouvoir changer continuellement de domicile les « entraîne, en quelque sorte malgré eux, à un vagabondage « continuel, d'où résulterait leur corruption complète si déjà « elle n'existait pas.

« Dans l'intérêt même des libérés il faudrait changer la « Loi. »

Ils ajoutaient : « Nous avons interrogé des Préfets, des Pro- « cureurs du Roi, des Juges d'Instruction, des officiers de « gendarmerie, nous avons toujours obtenu d'eux la même « réponse, à savoir qu'aujourd'hui la surveillance des con- « damnés libérés n'existait véritablement plus, que si le « législateur avait eu l'intention de la supprimer indirecte- « ment il avait agi d'une manière conforme à ses desseins, « mais que s'il avait cru nécessaire de conserver une surveil- « lance quelconque ses vues avaient été complétement tra- « hies par ses actes...... Quand les libérés sortiront du « bagne et des prisons avec des dispositions au travail et « le goût d'une vie sage, alors l'Art. 44 sera inutile, inappli- « cable, et nous serons empressés à solliciter l'abolition com- « plète de la surveillance. Mais aujourd'hui nous sommes « encore bien loin du moment où nous n'aurons à prendre « à l'égard des libérés que des mesures de douceur et de « mansuétude (1) ! »

M. Martin (du Nord), Garde des Sceaux, fut d'avis que la proposition du Comte Beugnot et du Président Boullet devait être prise en considération (2), et la commission de la Chambre des Pairs (3), en conservant toutes les formalités encore aujourd'hui exigées, notamment la feuille de route, rédigea un projet qui rendait à l'administration le droit de fixer la résidence du surveillé. Seulement l'individu qui présentera et fera agréer par le Préfet une caution de bonne conduite, continuera à choisir dans les départements dont le séjour n'est pas interdit le lieu qu'il lui convient d'habiter (4).

Donner au libéré un surveillant officieux intéressé à sa bonne conduite, c'était substituer une caution morale et personnelle à la caution pécuniaire de 1810.

Mais cette partie du projet inspirée par un sentiment d'humanité était impraticable, personne ne voulant consentir, pas plus sous cette forme qu'avec le système de 1810 (1), à devenir la caution responsable d'un repris de justice ou d'un vagabond, ni prendre l'engagement de le faire représenter à toute réquisition, sous peine d'une amende de 500 à 3,000 francs.

Le rapporteur était-il dans le vrai en disant que : — « Les « familles seront intéressées à donner à ceux de leurs membres « qui n'auraient point perdu tout droit à leur commisération « les moyens de rentrer dans la société. L'industrie de quel- « ques libérés, leur bonne conduite dans le lieu qui leur aura « été assigné, pourront déterminer des personnes honnêtes et « animées du désir de faire le bien à les prendre sous leur « patronage. »

La garantie du cautionnement de 1844 n'était en réalité ni plus efficace ni plus praticable que celle du cautionnement de 1810, de telle sorte que ce que les honorables Pairs demandaient, c'était le retour pur et simple aux rigueurs primitives.

Toutefois une idée heureuse se produisit relativement à l'emploi du pécule amassé pendant le séjour à la maison centrale. Au lieu de le donner en une fois au libéré à sa sortie de prison, on proposa de le faire parvenir sans frais au lieu de sa résidence, et de le lui remettre au fur et à mesure de ses besoins.

C'était apporter un terme aux scènes de prodigalité et de désordre qui suivent trop souvent les premières heures de liberté, et constituer en même temps une épargne capable de devenir par la suite l'origine d'une réhabilitation (2).

Malgré la faveur marquée avec laquelle fut accueilli le projet de réforme de 1844 il ne reçut aucune sanction législative.

La question de la surveillance fut jointe à celle du régime pénitentiaire,, et ni l'une ni l'autre n'étaient résolues lorsqu'éclata la révolution de 1848.

Trois ans après la chute du gouvernement de Juillet, à

l'avénement de l'Empire, le système de 1832 disparut pour faire place à un ordre de choses nouveau.

On en revint au système de 1810 avec la garantie du cautionnement en moins, et la faculté de la transportation en plus.

La transportation, c'est-à-dire l'exil de la mère-patrie, la séparation violente de tous ses intérêts et de toutes ses affections, le transfèrement sur des plages lointaines, sous un climat meurtrier (1).

Chacun sait dans quelles circonstances politiques fut promulgué le Décret du 8-12 Décembre 1851, six jours après le coup d'État, en même temps que trois autres Décrets proclamant l'état de siége dans les départements de Saône-et-Loire, de l'Hérault et du Gard (2).

Rien, au reste, de plus explicite que son bref exposé.

« Considérant que la France a besoin d'ordre, de travail et de sécurité, que depuis un trop grand nombre « d'années la société est profondément troublée par les « machinations de l'anarchie ainsi que par les tentatives « insurrectionnelles des *affiliés aux sociétés secrètes, et repris* « *de justice* toujours prêts à devenir des instruments de désordre. Considérant que, par ses constantes habitudes de « révolte contre toutes les lois cette classe d'hommes non-« seulement compromet la tranquillité, le travail et l'ordre « public, mais encore autorise d'injustes attaques et de dé-« plorables calomnies contre la saine population ouvrière de « Paris et de Lyon. Considérant que la législation actuelle est « insuffisante et qu'il est nécessaire d'y apporter des modifi-« cations tout en conciliant les devoirs de l'humanité avec « les intérêts de la sécurité générale. »

C'était bien là, ainsi que le déclarait à dix-neuf années d'intervalle, M. Suin devant le Sénat (3) une mesure d'exception, une Loi de circonstance qui partageait avec celle du 27 Février 1858, la dénomination de *Lois de Sûreté Générale.*

Le moindre reproche que l'on puisse adresser au Décret de 1851 c'est d'abord d'avoir touché, en vertu d'un pouvoir dictatorial né des circonstances, à une Loi émanée de l'autorité législative, mais surtout d'être venu considérablement aggraver sans discussion sans contradiction possible, sans enquête, par des considérations purement politiques, les peines infligées à un délit de droit commun.

Le Décret de 1851 commence par retirer aux condamnés libérés la faculté de choisir leur résidence, le gouvernement aura seul le droit de la fixer (art. 3). Tout surveillé en état de rupture de ban peut être transporté dans une colonie pénitentiaire, à Cayenne ou en Algérie (art. 1). Les condamnés aux travaux forcés envoyés à la Guyane française et ayant encouru une peine inférieure à huit années résideront dans la colonie pendant un temps égal à celui de la condamnation, ceux qui auront à subir plus de huit années devront s'y fixer définitivement. La grâce même sera impuissante à les décharger de cette obligation.

Les individus condamnés aux travaux forcés voyaient ainsi la surveillance remplacée par une obligation de séjour à vie ou à temps dans les colonies.

Paris et sa banlieue étaient interdits d'une manière absolue à tous les surveillés.

Bientôt cette mesure fut encore aggravée par le Décret du 9-12 Juillet 1852 portant que le séjour du département de la Seine et celui des communes de l'agglomération lyonnaise pourra être interdit administrativement à tous individus non domiciliés ou ayant subi depuis moins de dix ans une condamnation pour certains délits.

Ici toutes les garanties de la Loi disparaissaient, tout respect de la liberté individuelle était méconnu. L'administration pouvait, à sa guise, de sa seule autorité, sans jugement, sans contrôle, sans appel, disposer du sort d'un citoyen. La désobéissance à un arrêté d'interdiction était punie d'un emprisonnement de huit jours à un mois avec faculté pour les Tribunaux de prononcer le renvoi sous la surveillance. De telle sorte que l'administration pouvait, sans tenir compte du principe de la non-rétroactivité, rechercher des individus ayant subi et expié leur peine depuis dix ans, et les Tribunaux ne pouvaient se dispenser de punir de l'emprisonnement, même de la surveillance, une contravention à un arrêté administratif dont ils n'avaient pas le droit de contrôler la valeur, et qui pouvait être irrégulier. De plus comme l'administration avait le droit de déporter pour cinq ou dix ans tout libéré soumis à la surveillance et trouvé en rupture de ban, une infraction à une défense administrative, un fait de vagabondage ou de mendicité relevé contre un individu pur de toute condamnation antérieure pouvait entraîner contre lui la déportation.

De telles lois, au lieu d'amender les coupables, les poussent à l'insoumission et amassent en eux avec le temps des haines sourdes qui éclatent tôt ou tard.

Ces Décrets rendus en dehors de tous les principes du droit étaient un outrage à la justice et déshonoraient les Codes d'un peuple civilisé. Il était du devoir de tous les citoyens d'en signaler l'arbitraire et d'en solliciter la prompte abrogation (1). On doit, au reste, cette justice au gouvernement impérial qu'il a paru reculer lui-même devant les rigueurs dont il s'était armé (2).

Dans la session Législative de 1870, quatre Députés (3), usant de leur initiative parlementaire, proposèrent l'abrogation du Décret du 8 Décembre 1851 et des Lois dites *de Sûreté générale* des 9 Juillet 1852 et 27 Février 1858.

Le gouvernement, s'associant en partie à cette proposition, demanda à son tour l'abrogation du Décret de 1851 et de la Loi de 1858, mais réclama le maintien de la Loi du 9 Juillet 1852.

Relativement au Décret-Loi de 1851, le seul dont nous ayons à nous occuper, le commissaire du gouvernement fit remarquer qu'en consentant au retour pur et simple à l'Art. 44, il n'entendait nullement trancher la question de la surveillance alors soumise à l'examen d'une commission instituée au Ministère de la Justice pour la réforme de nos Lois Pénales et de notre Code d'Instruction Criminelle (4).

Au Corps Législatif, la discussion ne fut pas longue.

Après quelques courtes observations échangées entre M. Paul Bethmont et M. Philis, Secrétaire Général de la Justice, Commissaire du gouvernement (5), l'abrogation du Décret du 8 Décembre 1851 fut votée à l'unanimité par 210 voix sur 210 votants (6).

Au Sénat dont la commission (7) s'était d'abord montrée favorable à une réforme et avait conclu par l'organe de son rapporteur, à l'abrogation du Décret, le projet du gouvernement ne trouva lors de la discussion qu'un seul défenseur (1), et, sur les observations de MM. le Comte de Ségur-d'Aguesseau, Baroche et Le Roy de Saint-Arnaud, un amendement tendant au maintien du Décret de 1851 finit par être renvoyé à l'examen de la commission et accueilli par elle.

Enfin le Sénat après avoir ainsi manifesté son mauvais vouloir, prétexta certaines exigences du règlement et vota l'ajournement (2).

On était au 19 Juillet 1870, sous le coup de nos premiers revers.

La révolution du 4 Septembre éclata.

Le Sénat fut supprimé, et la loi votée par le Corps législatif ne put obtenir la sanction de la seconde Chambre exigée par la Constitution (3).

Un Décret, rendu à Paris le 24 Octobre 1870 pendant le siége, par le Gouvernement de la Défense Nationale, a prononcé il est vrai l'abrogation du Décret du 8 Décembre 1851 (4). Mais des doutes sérieux peuvent s'élever sur sa valeur. Bien qu'inséré au Bulletin des Lois de Paris, la délégation de Tours et de Bordeaux ne l'a reproduit ni dans son Bulletin ni dans son journal officiel. Connu de Paris seul il est longtemps demeuré anonyme pour le reste de la France et les formalités de la promulgation n'ont en ce qui le concerne jamais été remplies.

En outre, le Décret du 24 Octobre 1870 rendu dans des circonstances spéciales et dans un but politique en faveur des individus ayant fait partie de sociétés secrètes réserve, lui aussi, expressément la question de la surveillance.

## IV.

Au milieu des innombrables questions soulevées par la surveillance de la haute police, on s'est demandé d'abord si ce châtiment rigoureux était bien une peine dans le sens légal du mot, ou si on ne devait pas au contraire le considérer comme un accessoire de la peine une mesure de précaution, une simple interdiction administrative ajoutée à la condamnation.

La question était grave au double point de vue de la prescription et de la récidive.

On a décidé suivant les espèces et suivant les points de vue auxquels on se plaçait, tantôt que la surveillance appelée *peine* par la loi en est une en effet au même titre que la mort civile, aujourd'hui abolie, et l'interdiction de certains droits politiques, civiques, civils ou de famille, et tantôt que la surveillance représente seulement un droit accordé au gouvernement sur la liberté du condamné, une entrave à sa circulation (1).

La vérité est que la surveillance ne peut constituer une peine, la loi ne lui en attribuant nulle part soit le nom, soit l'effet (2).

Elle n'est ni exemplaire ni publique. Elle n'est pas l'expiation d'une faute effacée par l'emprisonnement la déportation ou la réclusion, et l'on ne peut non plus prétendre, avec l'expérience du passé, qu'elle ait le pouvoir d'amender les coupables.

« C'est, — dit avec raison M. Châtagnier, — une simple mesure de police, une restriction qui pèse sur le coupable à la suite du châtiment. Elle n'est pas infligée comme expiation du crime commis, mais comme gage, comme garantie contre les crimes futurs; elle est à ce point de vue préventive et non répressive (3). »

D'une nature complexe, elle peut être prononcée seule comme peine principale, mais dans des cas très-rares (4). Elle est à vie ou à temps, attachée d'une manière absolue à certaines peines ou laissée à l'appréciation des Magistrats.

Tantôt la Loi en fixe le maximum et tantôt elle se contente d'en indiquer le minimum (5).

Elle n'est attachée qu'à des peines temporaires (6). Les condamnés aux travaux forcés à temps, à la détention, à la réclusion sont de plein droit à l'expiration de leur peine et pour toute leur vie sous la surveillance de la haute police sans qu'il soit nécessaire que le Jugement ou l'Arrêt le prescrive (1).

N'y a-t-il pas déjà dans cette disposition qui prononce la surveillance à vie quand la peine est à temps (2) quelque chose d'anormal? N'est-ce pas admettre que les condamnés à la réclusion, à la détention, aux travaux forcés à temps sont incapables de repentir?

Imaginez un jeune homme condamné à cinq ans de travaux forcés pour vol qualifié recevant sa libération à vingt-huit ou trente ans. Il aura encore de longues années devant lui, il pourra regretter sa faute, avoir la ferme volonté de la réparer, il faudra pourtant qu'homme fait, vieillard même, il continue de subir les suites inexorables d'une faute commise dans les erreurs et les emportements de la première jeunesse!

Du principe que la surveillance de la haute police ne s'applique qu'à des peines temporaires résulte une autre inconséquence.

Pierre et Jacques commettent en commun un même crime. Pierre, auteur principal, est condamné aux travaux forcés à perpétuité, mais sa bonne conduite lui attire des commutations successives de peine, et un jour il est rendu à la liberté. Il se trouve affranchi de la surveillance que l'Arrêt de condamnation n'a pas prononcée et ne pouvait prononcer contre lui.

Pendant ce temps, Jacques, son complice, condamné seulement aux travaux forcés à temps ou à la réclusion, moins coupable que Pierre, est renvoyé à vie sous la surveillance.

C'est en vain que plusieurs Cours ont tenté de mettre fin à cette anomalie; elles n'ont pas eu le pouvoir de modifier les conséquences illogiques mais nécessaires de la loi (3).

Pourtant il y a entre la surveillance à vie et la surveillance à temps la distance qui sépare l'espérance du désespoir, et les délits ou les crimes entraînant un châtiment si différent ne sont la plupart du temps séparés que par une nuance. Il n'est pas rare que le plus sévèrement atteint soit à la fois le moins coupable et le moins dangereux. Nous venons d'en avoir un premier exemple, en voici un second:

Jacques commet pour la première fois un vol minime en brisant un carreau de vitre ou escaladant une fenêtre, il est traduit en Cour d'Assises et condamné aux travaux forcés à temps ou à la réclusion : — surveillance à vie. Pierre, son voisin, déjà frappé par un grand nombre de condamnations, commet un nouveau vol. Il parvient à s'emparer d'une somme considérable sans circonstances aggravantes, uniquement parce qu'il n'a pas eu besoin d'y recourir. Traduit devant un Tribunal Correctionnel il est condamné à l'emprisonnement et soumis, s'il ne se trouve pas en état de récidive légale, à un maximum de cinq ans de surveillance; si le Tribunal lui applique l'Art. 463 (1), il ne sera condamné qu'à l'emprisonnement!

La surveillance de la haute police est imprescriptible, parce que, continue de sa nature, son exécution est indépendante des mesures que prend l'autorité quand il lui convient, et auxquelles elle peut renoncer (2).

Peine accessoire elle ne se confond jamais avec la peine principale, d'où cette conséquence que pour qu'elle reçoive exécution il faut que le condamné soit libre. Toute condamnation survenue dans l'intervalle en interrompt le cours (3).

Quelques Cours d'Appel et Tribunaux ont cru pouvoir compter à la décharge du surveillé l'emprisonnement pour rupture de ban (4), — une telle peine ayant pour objet non de suspendre la surveillance, mais d'en modifier, même d'en aggraver l'application (5).

Il est au contraire certain que la détention préventive, laquelle n'empêche pas les peines de courir en matière de délits communs, n'arrête pas la surveillance (6).

La commutation d'une peine à laquelle la surveillance est attachée à vie ou à temps de plein droit ou par une décision spéciale de la justice, n'en arrête pas non plus l'effet. Elle ne peut ni la remettre, ni en amoindrir la durée, la réhabilitation seule a ce pouvoir. Cependant, il a été jugé que l'accessoire suivant le sort du principal, si la condamnation est absorbée par une autre à raison de la non-cumulation des peines, et si cette autre vient à être effacée par une amnistie la surveillance prendra également fin, hors le cas de réserve expresse (7).

Il a encore été jugé que la grâce peut être accordée sous la condition que celui auquel remise est faite de l'emprisonnement sera soumis à la surveillance — ce qui fait de la grâce une véritable commutation de peine (1).

Comme la surveillance est attachée à la peine non au crime, un soldat condamné à la réclusion par un conseil de guerre pour un délit de droit commun peut y être soumis (2).

On a longtemps discuté sur le point de savoir si l'Art. 463, qui ne parle que de l'emprisonnement et de l'amende, est néanmoins applicable à la surveillance.

Un certain nombre de Cours, s'attachant au texte, ont refusé le bénéfice des circonstances atténuantes. Le système contraire a prévalu, aujourd'hui on reconnaît aux Magistrats le droit de diminuer la durée de la surveillance et même d'en dispenser entièrement le condamné (3).

La jurisprudence a été plus loin, et étendant encore la portée et le sens de l'Art. 463, elle l'applique aussi aux mendiants et vagabonds (4).

M. le Procureur Général Dupin à l'initiative éclairée duquel on doit l'esprit de plus en plus libéral apporté par la jurisprudence en cette matière, tenta mais en vain de faire décider que la surveillance de l'Art. 282 ne s'applique pas indistinctement à tous les mendiants, mais seulement à ceux condamnés avec l'une des circonstances aggravantes des Art. 277 et suiv. Ses conclusions ne furent pas accueillies, mais malgré la doctrine très-ferme de la Cour de Cassation (5), un certain nombre de Cours d'Appel (6) n'en persistèrent pas moins à déclarer la surveillance inapplicable au cas de mendicité simple.

La Cour Suprême s'est inspirée d'une doctrine plus libérale en décidant que le mineur de seize ans, lequel peut être soumis à la surveillance toutes les fois qu'il est condamné à une peine afflictive et infamante, y échappe lorsque, acquitté comme ayant agi sans discernement, il est renvoyé dans une maison de correction (7).

La surveillance de la haute police s'aggrave de cette circonstance qu'elle donne lieu à la rupture de ban.

Ici nous voyons un délit naître d'une simple infraction à

des prescriptions administratives, et si l'on admet avec la majorité des auteurs que la rupture de ban est un délit-contravention, il en résulte qu'elle est punissable par le seul fait de la désobéissance, sans tenir compte de l'intention.

La rupture de ban peut entraîner les peines de la récidive (1). Longtemps les Cours d'Appel et la Cour de Cassation ont décidé le contraire (2), mais la jurisprudence a fini par admettre que les infractions aux Art. 44 et 45 du Code Pénal constituent bien des délits contre la chose publique punis de peines correctionnelles et jugés correctionnellement (3).

Il n'est pas nécessaire pour donner naissance au délit de rupture de ban que le libéré s'éloigne du lieu de sa résidence, ni même qu'il lui en ait été assigné une (4).

La rupture de ban étant un délit successif, une première condamnation n'empêche pas de nouvelles poursuites si le condamné continue à se tenir éloigné de sa résidence alors même qu'il ignorerait les jugements prononcés contre lui.

C'est là une interprétation doctrinale si grave du délit de rupture de ban, une aggravation si considérable des charges de la surveillance que je crois devoir entrer dans quelques détails sur l'espèce récente qui y a donné lieu.

Un nommé Garnier avait été placé le 9 Août 1855 par la cour de Bourges sous la surveillance de la haute police pour dix années qui devaient commencer à courir en 1863, date de sa libération. Le 11 Juillet 1864, le Tribunal de Mayenne le condamna par défaut à six mois de prison pour rupture de ban. A quatre années d'intervalle, Garnier, arrêté en état de vagabondage dans l'arrondissement de Nantes, était condamné à deux années d'emprisonnement pour le même fait. Les Magistrats de Nantes ignoraient ainsi que Garnier lui-même la condamnation par défaut du Tribunal de Mayenne. Dès que le condamné en eut connaissance, il interjeta appel devant la Cour de Rennes et demanda à être déchargé de la seconde condamnation.

Je m'associai à sa requête. Je fis valoir qu'il ne peut exister qu'un seul délit de rupture de ban, délit continué tant que le surveillé n'a pas reparu dans sa résidence. Cette infraction, en se perpétuant, revêt les caractères du vagabondage ou du délit d'évasion de prison. Si on en arrivait à relever un délit distinct pour chaque jour, chaque semaine, chaque mois, chaque année passés hors de la résidence, les condamnations s'accumuleraient contre le surveillé à son insu sans le punir ni le réformer.

La Cour de Rennes et après elle la Cour de Cassation ont jugé dans un sens contraire, mais sans me convaincre (1).

Tel est l'ensemble de la doctrine et les principes généraux qui régissent la surveillance, soit que l'on s'en tienne au régime rigoureux de 1851, soit que l'on en revienne au système plus clément de 1832.

Je me suis appliqué à relever les hésitations de la jurisprudence, j'ai tenu à honneur d'établir que si dans des espèces très-rares alors qu'elle était liée par les exigences des textes ou les principes invariables du droit, elle a incliné malgré elle du côté de la sévérité, elle s'est au contraire efforcée dans la plupart des cas d'atténuer les effets de la surveillance, tout au moins d'en adoucir la sévérité.

A la Magistrature revient donc l'honneur d'avoir la première protesté par la voix solennelle de ses Arrêts et les travaux particuliers de ses membres contre le maintien d'une mesure plus menaçante qu'utile à l'ordre social, et d'avoir résisté aux tendances arbitraires de l'administration.

## V.

Le procès est instruit, il est temps de conclure.

Nous avons les lumières de la discussion, l'expérience des différents systèmes appliqués jusqu'à ce jour, nous avons le témoignage des faits.

L'abrogation de la surveillance de la haute police me semble le seul moyen pratique de mettre fin à ses abus, à ses dangers et à ses inconséquences.

A cette réforme l'individu gagnera la possibilité du retour au bien, la société ne perdra ni une force ni une garantie.

Quelque radicale que puisse paraître mon opinion, elle

n'est pas isolée. A diverses époques, même sous le système favorable de 1830, des Magistats ont demandé que la surveillance de la haute police fût abolie (1).

« La peine de la surveillance, — écrivait, dès 1836, un « Magistrat du Ministère public (2), — est attaquée de toute « part comme funeste dans ses conséquences. Les magistrats « répugnent à l'appliquer (3) et cherchent à cet égard à « écarter tout ce qu'ils peuvent à la rigueur de la Loi. »

« Tous les criminalistes qui ont examiné sérieusement les « effets désastreux de la surveillance de la haute police de « l'État, — disait, à trente-trois ans d'intervalle, un autre « Magistrat (4), — s'accordent à en demander l'abolition ou « tout au moins voudraient qu'elle fût profondément modi- « fiée. Ils ont tous reconnu que le condamné libéré ne ren- « contre pas de plus grand obstacle à sa réhabilitation, au « retour à des habitudes d'ordre et de travail que cette me- « sure accessoire de la peine qui est cent fois plus cruelle « que la peine elle-même.... On l'a dit fort énergiquement, « en conservant la surveillance on laisse sans s'en douter « subsister la peine de la marque, seulement on ne se sert « plus de la main du bourreau et du fer rouge. »

Ce sont encore des Magistrats qui ont écrit les lignes suivantes : « De quelque façon qu'elle s'exerce la surveillance est « une peine fort rigoureuse, les nécessités sociales seules peu- « vent la justifier, d'où la conséquence qu'elle ne doit être ap- « pliquée que lorsqu'elle est indispensable. N'y aurait-il pas « lieu de *supprimer* cette peine dans certains cas et d'intro- « duire quelques autres perfectionnements dans notre législation (5)? — La situation vraiment fâcheuse de l'individu « soumis à la surveillance qui cantonné dans sa résidence « obligée ne peut aller chercher du travail ailleurs, me pa- « raît tout spécialement digne de l'intérêt du Législateur (6). « — Le Décret du 8 Décembre 1851 livre le sort des condam- « nés pour rupture de ban non point aux prévisions in- « flexibles de la Loi, mais à la volonté souvent capricieuse des « hommes. Il devrait donc à ce point de vue être promptement modifié. C'est l'heure du retour aux principes du

« droit commun qui seuls, mieux que toutes les lois d'exception, peuvent sauvegarder la société sans infliger au pays « de douloureux sacrifices (1).

« — La surveillance replonge et endurcit le condamné « dans le vice. Elle est exorbitante en ce qu'elle constitue une « peine, en ce qu'elle succède à l'expiation d'un délit. Elle « est insuffisante et surabondante comme moyen de police « et de précaution en ce que l'Art. 66 présente des difficultés « qui s'opposent à son exécution même dans les communes « rurales. Elle est funeste pour les condamnés et pour nous « en ce qu'elle n'est ni rachetable pour l'homme méritant ni « rémissible par le pouvoir, en ce qu'elle remplit nos pri- « sons et crée l'*incorrigibilité*. (2). »

« — La mise en surveillance telle qu'elle est, *doit être abo-* « *lie* parce qu'elle n'est pas une peine, qu'elle est inefficace, « démoralisatrice, injuste dans son mode et dans son appli- « cation.... La crainte d'infractions ultérieures à la loi de la « part du criminel, crainte qui peut justifier des précautions « inoffensives ne légitime pas la mise en surveillance (3). »

Enfin on a vu encore les Magistrats témoigner de leurs répugnances en appliquant les circonstances atténuantes dans la plupart des cas où la surveillance est prescrite (4).

Cette tendance a même été reprochée à la Magistrature et a contribué à amener en 1863 une modification importante de l'Art. 463.

Si les membres des parquets, en général plus enclins à accepter les mesures répressives, n'ont pas dénoncé les inconvénients de la surveillance avec la même énergie, cependant ils n'ont pas hésité à dire leur manière de voir, et le jour où le gouvernement consulta les Procureurs Généraux sur le projet d'abrogation du Décret du 8 Décembre 1851 ils se trouvèrent en majorité d'avis qu'il y avait lieu tout au moins d'apporter à la surveillance des modifications profondes (5).

« Le Ministère de la Justice, — disait le commissaire du « gouvernement à la séance du Corps législatif du 17 Juin « 1870, — n'a pas hésité à ouvrir dans le sein de la Magistra-

« ture une vaste enquête qui nous a procuré une double « satisfaction. D'abord la satisfaction de recueillir de tous les « points de la France des lumières considérables. Puis cette « autre que vous partagerez comme moi, c'est que du sein « de cette Magistrature contre laquelle nous rencontrons « tant de défiances et souvent tant d'injustes soupçons « nous avons vu sortir les conseils les plus libéraux. »

L'opinion des Magistrats me paraît ici surtout bonne à recueillir. Leur témoignage a une gravité et une importance particulières. Mieux que personne ils sont à même de bien juger de la valeur et des inconvénients des Lois qu'ils appliquent. Ils ont pour eux le sentiment intime du juste, l'expérience journalière, le respect inné de la Loi, et il faut que le danger soit bien réel pour que sortant de leur réserve ordinaire ils consentent à le signaler.

Parmi les mesures tour à tour proposées, nous trouvons d'abord l'amélioration de notre système pénitentiaire.

Rendre à la société à l'expiration de leur peine des coupables, sinon entièrement corrigés, du moins assez efficacement amendés pour que leur présence ne puisse constituer à l'avenir ni une menace ni un péril, est assurément un beau rêve, ce serait la plus radicale et la meilleure des améliorations. Depuis vingt-cinq ans le régime des prisons a été l'objet de la constante sollicitude de nos différents gouvernements. On n'a reculé devant aucune expérience ni aucun sacrifice, de nombreux essais ont été tentés, des améliorations importantes réalisées; mais, si le bien-être matériel des détenus y a gagné il n'en est malheureusement pas de même de leur moralisation.

On a ensuite proposé de généraliser et d'organiser la transportation, de l'enlever à l'autorité arbitraire de l'administration, de l'inscrire dans le Code Pénal, et de remettre aux Tribunaux le pouvoir de la prononcer soit comme peine principale, soit pour y renvoyer à l'expiration de leur peine à titre de colons et non plus cette fois comme détenus les délinquants incorrigibles. Les déportés échapperaient à la discipline et à l'autorité militaires, la colonie serait administrée par le pouvoir civil. — On n'a pas vu qu'on en arrivait de la sorte, par une pensée d'humanité, à inscrire dans la Loi une rigueur nouvelle. La colonisation n'est pas dans nos mœurs, le Français est attaché au sol, et la transportation, quelque nom qu'on lui donne, quelque adoucissement qu'on y apporte restera toujours une peine rigoureuse.

Pour remédier au principal inconvénient de la surveillance et assurer du travail et du pain aux condamnés libérés, on a encore eu la pensée d'ouvrir dans chaque arrondissement, même dans les cantons, des ateliers publics où les libérés seraient employés à des travaux d'intérêt communal notamment à l'entretien des chemins et à la création de voies nouvelles. On fonderait dans ce but des maisons de travail, des colonies agricoles ou pénitentiaires.

Ce système ne conduirait à rien moins qu'à organiser près de la prison ou de la maison centrale un autre lieu de détention. Le travail qui n'est plus le travail libre constitue une peine, et sur cette pente on en arriverait promptement à molester le libéré en prétendant le secourir et à confisquer le peu de liberté qui lui reste.

D'autres auteurs ont demandé qu'à l'exemple de ce qui se pratique en Saxe, on partageât les libérés en deux classes comprenant les amendés et ceux sur lesquels la peine n'aura pas produit d'effet. L'administration aurait le droit de dispenser les premiers de la surveillance même de prescrire leur libération provisoire, tandis que les autres continueraient d'y être soumis. — Mais ne serait-ce pas permettre à l'administration d'établir d'après son seul caprice des catégories de coupables, ne serait-ce pas étendre son pouvoir arbitraire et augmenter le mal en prétendant y porter remède?

Enfin M. Faustin-Hélie partant de ce principe que la haute police de l'État doit être moins une mesure de surveillance qu'une mesure de protection, une sorte de tutelle donnée au libéré de même qu'au mineur et au prodigue pour suppléer à sa faiblesse et l'empêcher de retomber dans ses égarements, s'est arrêté à l'idée d'un système de patronage organisé sur le modèle de ce qui a lieu en Belgique.

Notre éminent criminaliste se montre partisan de la caution, non pas d'une caution pécuniaire comme l'entendait le Code de 1810, mais d'une caution morale ainsi que le voulait le projet de réforme de 1844. Dans ce système, le garant, dont les devoirs seraient absolument les mêmes que ceux du tuteur ou du père répondrait civilement des dommages commis par le surveillé. Les condamnés qui ne trouveraient pas de caution, — et tout porte à croire que ce serait le plus grand nombre, seraient renvoyés sous l'autorité d'une commission de patronage organisée sur le modèle des bureaux de bienfaisance et qui pourrait même être la commission actuelle des prisons revêtue de nouveaux pouvoirs. Elle se chargerait de procurer du travail aux libérés et veillerait sur leur conduite, elle délivrerait les autorisations nécessaires aux changements de lieux et pourrait proposer la remise du restant de la surveillance en faveur de ceux dont la conduite serait exemplaire.

Sans doute il y a dans ce projet une idée ingénieuse et philanthropique. Mais l'expérience a démontré l'inefficacité de la caution. Relativement aux sociétés de patronage organisées sur le modèle des commissions des prisons, leurs membres absorbés par d'autres devoirs n'ayant sur les individus remis à leur garde qu'une autorité restreinte, ne pourraient s'adonner efficacement à ce patronage moral (1).

Si donc on passe en revue l'ensemble des réformes proposées et des divers systèmes produits pour conserver la surveillance en l'améliorant, on ne tarde pas à reconnaître que, quoi que l'on imagine à quelques palliatifs que l'on ait recours, on ne parviendra jamais à tirer un parti satisfaisant d'une institution en elle-même mauvaise et aussi dommageable pour la société que nuisible à l'individu.

La surveillance a fait son temps, il faut l'abolir.

Il en est d'elle comme de ces vieux édifices sans utilité sans harmonie ni grandeur que l'on chercherait vainement à restaurer ou à consolider. La surveillance ne répond plus à un besoin social, la société au milieu de ses nombreuses métamorphoses après des étapes successives vers un avenir meilleur, est, malgré ses dernières secousses, armée de manière à s'en passer.

S'il restait quelques doutes aux esprits timides (1), pourquoi du moins ne ferait-on pas l'essai de la supprimer provisoirement pour deux ou trois ans, sauf à y revenir si les résultats minutieusement et impartialement étudiés ne répondaient pas à l'attente du législateur?

Ce serait un moyen terme auquel, surtout en matière criminelle, on pourrait recourir sans danger. On éviterait de la sorte le reproche de précipitation, et le législateur certain de pouvoir réparer ses erreurs, se montrerait moins timide pour essayer des améliorations nouvelles.

On pourrait tout au moins, après avoir supprimé la surveillance, y suppléer en étendant au condamné libéré les interdictions prononcées contre le condamné qui a prescrit sa peine, et défendre au premier comme au second le séjour du département habité par sa victime ou ses héritiers; on pourrait aller plus loin encore et remettre aux Tribunaux la faculté d'ajouter, suivant les cas, aux personnes désignées dans l'Article 635, les jurés et les Magistrats qui ont prononcé la condamnation, les agents de la force publique qui en dénonçant le crime l'auront provoquée, les témoins, de manière à éloigner toute crainte de vengeance. Mais ces restrictions seraient inutiles. D'abord parce que ces inconvénients, — en admettant qu'ils existent, — sont singulièrement amoindris quand le libéré et les personnes exposées à son ressentiment habitent une grande ville, ensuite parce que cette défense qui serait une gêne pour les condamnés inoffensifs, n'aurait pas le pouvoir d'empêcher les libérés dangereux d'accomplir leurs mauvais desseins, enfin parce que ni les Magistrats, ni ceux qui leur prêtent leur concours ne demandent qu'on les protége contre le ressentiment des coupables.

La justice est un sacerdoce, si elle est quelquefois un poste de danger, si elle peut mener au martyre (2), c'est un privilége dont se sont toujours montrés jaloux ceux qui la servent.

Je ne connais rien d'aussi enviable pour un homme de cœur que de tomber victime du devoir!

Il est donc vrai de dire que si la surveillance ne protége ni la société ni l'individu contre les malfaiteurs incorrigibles, elle pèse de tout son poids sur ceux que le pardon et l'oubli pourraient corriger, elle leur impose une aggravation de peine que ne justifie point la faute.

En créant une classe de parias elle fournit des recrues à l'armée du désordre.

La surveillance, c'est l'arbitraire, c'est-à-dire le caprice, l'impression du moment, substitués à la froide et rassurante impartialité de la Loi. Or l'arbitraire est peut-être moins redoutable pour les individus dont il menace la liberté que pour le pouvoir qui l'emploie !

En dénonçant après bien d'autres, à la fois comme citoyen et Magistrat, les rigueurs inutiles de la surveillance de la haute police j'ai obéi à un mouvement impérieux de ma conscience.

Le Magistrat, dont le devoir est d'appliquer la Loi et de la faire obéir, est libre de critiquer ses dispositions mauvaises sans manquer soit à sa fonction soit à son caractère : l'amour du bien public doit l'emporter chez lui sur toute autre considération (1).

Je me suis pénétré, dans cette étude, des désastres moraux et sociaux auxquels notre temps assiste, j'en ai recherché les causes. Parmi les plus directes j'ai cru découvrir l'action nuisible de la surveillance sur l'individu, j'ai dit ma manière de voir, et ma tâche achevée, j'emporterai, — quoi qu'il arrive, — la satisfaction que procure le devoir accompli.

# NOTES

# NOTES

Ce travail étant en même temps qu'une œuvre de polémique une histoire de la surveillance de la haute police et une étude de droit, j'ai mis tous mes soins à éclairer le débat en multipliant les documents et les témoignages; j'ai tenu surtout à appuyer mon opinion de l'expérience de ceux qui ayant étudié la question avant moi sont arrivés à la même conclusion, aussi, dans les notes qui vont suivre, trouvera-t-on tout ce qui se rattache au sujet, et jusqu'à des armes pour me combattre.

## I.

### Notes de la page 5.

(1) Tous ceux qui ont traité la question de la surveillance ont dû convenir que les résultats obtenus étaient loin d'être satisfaisants.

« La surveillance de la haute police appartient au *problème* de la criminalité la plus difficile et jusqu'ici la plus imparfaitement résolue, soit « en science, soit en pratique. » (M. Ortolan, *Éléments du Droit Pénal*, p. 722.)

« La position des condamnés libérés de leur peine au milieu de la société « est un des plus graves *problèmes* qui puissent attirer l'attention du philosophe et du législateur. » (Rapport de M. le Président Boullet à la Chambre des Pairs. Séance du 13 Avril 1844. *Moniteur* du 20, p. 1017.)

« La surveillance légale est la solution adoptée par la loi française d'un « *problème* qui se pose à toutes les législations pénales. Comment prémunir « la société contre les dangers que lui font courir les hommes qui justement frappés d'une peine, recouvrent leur liberté avec des désirs de vengeance, des instincts pervers, ou qui sont par leur situation même, dénués « de moyens de travail et des ressources nécessaires à une vie régulière?

« Que cette solution offre prise à de nombreuses observations, soit dans son « principe soit dans son application, cela est incontestable, puisqu'elle a été « trois fois modifiée en 1810, en 1832 et en 1851. » (Exposé des motifs du projet de loi portant abrogation du Décret du 8 Décembre 1851.)

(2) L'usage de la marque remonte à un Statut de 1548 prescrivant de marquer d'un V sur la poitrine avec un fer rouge les individus reconnus vagabonds. Le vagabond était livré comme esclave pour deux ans, à son dénonciateur qui pouvait le contraindre au travail par les coups et la chaîne, et ne lui devait que le pain et l'eau. Toute tentative de fuite était punie de l'esclavage à vie. Il faut dire que cette répression cruelle du vagabondage, empruntée aux mœurs anglaises, n'a fait qu'apparaître un instant dans notre législation pénale, de même qu'il est juste de reconnaître que la

torture n'était pas un raffinement de la peine, ni un surcroît de l'expiation; c'était une nécessité de la procédure, les traditions de notre ancien droit voulant qu'un accusé ne put être condamné que sur son aveu.

### Notes de la page 6.

(1) « La loi criminelle, dans son application et dans les différents modes « de répression qu'elle consacre, est susceptible d'innombrables améliora- « tions. » (Ch. Vergé.) — « Notre Code pénal n'est pas un Evangile conte- « nant des dogmes immuables et infaillibles, c'est une œuvre humaine qu'on « doit améliorer et perfectionner comme toute autre œuvre, plus que toute « autre peut-être, avec prudence et sagesse sans doute, mais aussi avec « fermeté et décision pour la rendre digne de la grande Nation à laquelle elle « est destinée. » (M. Châtaguier, *Du renvoi sous la surveillance*, brochure in-8°, 1842.)

(2) La surveillance de la haute police, telle qu'elle fonctionne aujourd'hui, est régie par les Art. 45, 46, 47, 49, 50, 67 du Code Pénal et les Art. 3 et 4 du Décret du 8 Décembre 1851 non encore régulièrement abrogé.

(3) « J'ai vu, — écrivait M. Gouin, Procureur du Roi à Guingamp, auteur « d'une excellente brochure sur la surveillance de la haute police, — des fem- « mes en état de vagabondage si fatiguées de la surveillance qu'elles auraient « demandé un bagne de femmes s'il n'avait pas fallu tuer un homme pour « y aller. »

De son côté, M. Châtagnier s'exprime ainsi, dans la remarquable étude qu'il a consacrée à la surveillance : — « Nous qui traçons ces lignes, nous avons pu « dans l'exercice de nos fonctions nous assurer de l'effroi qu'inspire la sur- « veillance. Il nous souvient notamment qu'étant membre du parquet d'un « tribunal de chef-lieu et siégeant dans les affaires d'appel correctionnel, « nous avons entendu plusieurs fois l'inculpé, à qui le président faisait ob- « server qu'il était étonnant qu'il eût appelé d'un jugement qui le con- « damnait à une peine principale minime à laquelle cinq ans de surveillance « étaient joints, nous avons entendu, disons-nous, l'inculpé répondre qu'il « n'avait pas fait appel pour qu'on diminuât la peine de l'emprisonnement, « qu'on pouvait même l'augmenter de plusieurs mois, si on le jugeait con- « venable, mais qu'il suppliait qu'on le débarrassât de la surveillance qui « l'empêcherait de trouver du travail après sa libération. Plus tard, chargé « de l'instruction comme juge dans un autre tribunal, nous avons eu connais- « sance d'autres faits à l'appui, et nous en sommes encore journellement té- « moin. Ainsi des condamnés à la surveillance arrêtés à défaut d'exhibition

« de papiers sont amenés devant nous, nous les interrogeons, ils disent avoir « perdu leur passeport, on les conduit à la maison d'arrêt on les y écroue, « ils y restent huit jours, quinze jours, un mois, et ce n'est qu'au bout de « ce temps de détention préventive que, fatigués du séjour de la prison, ils « se décident à représenter le passeport révélateur de la surveillance, passe- « port resté caché dans la doublure de leurs vêtements ou déposé en mains « tierces; et pourtant leur résidence était fixée dans le lieu même où nous « les interrogions, de sorte qu'ils n'avaient pas à craindre d'être poursuivis « pour rupture de ban. Nous en avons vu d'autres encore plus tenaces, et « qui se taisant d'abord sur tout, ne confessaient la surveillance qu'après « deux ou trois mois de verrous, et seulement sur le vu d'extraits d'arrêts « ou de jugements les concernant, et découverts à grand' peine par le Minis- « tère public dont ils avaient tenu longtemps la perspicacité en échec. Nous en « avons vu d'autres enfin, et ceci est bien grave, qui, dans le but d'échapper « aux tortures actuelles de la surveillance, cachant et leurs noms et leur do- « micile et leur passeport, se laissaient condamner sous un faux nom comme « vagabonds par le tribunal même de leur résidence. Et si vous eussiez in- « terpellé tous ces gens-là sur leur silence ou leurs mensonges, ils vous au- « raient déclaré qu'ils préféraient la prison où ils étaient nourris à la liberté « avec la surveillance qui les exposait à la faim. »

## Notes de la page 8.

(1) « Est-ce que la police a besoin de la *surveillance légale* pour soumettre à une *surveillance effective* les individus qui peuvent être dangereux? Est-il nécessaire de constituer une classe de suspects! » (M. Faustin-Hélie, *Revue de législation*, Année 1844.)

(2) « Quoique l'on eût annoncé que la peine de la surveillance ne serait « attachée aux matières correctionnelles qu'avec une grande circonspection, « le Code Pénal l'a facultativement attachée à une foule de délits qui, pour « la plupart du moins, ne semblent pas de nature à justifier cette mesure « extrême. » (Achille Morin, *Dictionnaire du Droit Criminel.*)

Au conseil d'Etat, Cambacérès avait demandé que la surveillance ne fût attachée qu'aux crimes punis par les Cours d'Assises, et la commission du Corps Législatif avait émis le vœu que, même en matière correctionnelle, la surveillance ne fût appliquée qu'avec une grande circonspection (Locré, t. 29, p. 123 et 181). Au reste, la formule restrictive de l'Art. 50 montre bien que la surveillance y était considérée comme une mesure d'exception : — ***Hors les cas déterminés par les Articles précédents***, — ceux relatifs aux condamnés aux travaux forcés à temps, à la détention, à la réclusion, au bannissement ou pour crimes ou délits intéressant la sûreté de l'Etat, les condamnés NE SERONT *placés sous la surveillance de la haute police de l'Etat* que dans le cas où une disposition particulière de la Loi l'aura permis.

En 1832, les choses se passèrent comme en 1810 : — « Après avoir présenté aux Chambres la surveillance comme trop arbitraire pour être maintenue dans nos Codes, on doubla en les resserrant les anneaux de cette chaîne que l'on trouvait déjà trop lourde, et d'une simple mesure de précaution, on créa une peine d'intimidation et de rigueur. » (M. Gouin, dans la *Revue de législation*, Année 1840.)

(3) « Chose étrange ! voilà une mesure qui, inconnue à la législation précédente, prend naissance aux abords de l'Empire, qui s'aggrave en 1806 et qui s'aggrave encore en 1810 ! Il semblerait qu'il eût dû en être autrement, car d'ordinaire le temps et les lumières amènent de l'adoucissement dans les sévérités de la Loi ; pourquoi donc cette marche ascendante en ce qui concerne la mise en surveillance ? » (*Du renvoi sous la surveillance*, par M. Châtagnier.)

(4) En prenant à la lettre le texte de l'Art. 58, lequel dispose qu'en cas de nouveau délit ou de crime puni correctionnellement les coupables seront placés sous la surveillance, on pourrait croire que le législateur a eu seulement en vue deux délits correctionnels ou un crime assimilé à un délit, mais l'esprit de la Loi et l'ensemble de ses dispositions ont paru exclure cette restriction. (Cass. 11 Août 1860 ; *Morin*, 1860, p. 348.)

(5) Art. 58 et 401 du Code Pénal.

(6) Art. 272, 273 et 282.

(7) Art. 388, 444, 271, 231, 308, 309, 311, 315, 343 et 326.

## Notes de la page 9.

(1) Art. 317, 452, 246.

(2) Art. 415, 416, 419, 420, 421, 315, 408, 174, 400, 437, 142. — La Loi du 24 Mai 1834, qui réprime certains délits intéressant la sûreté intérieure de l'Etat, et punit la détention d'armes et munitions de guerre, déroge par son Art. 11 aux dispositions de l'Art. 49 du Code Pénal en déclarant le renvoi sous la surveillance facultatif et non plus obligatoire. C'est un nouveau témoignage du caractère libéral des réformes alors introduites dans nos Lois Pénales.

## Notes de la page 10.

(1) « Et pour les envelopper d'une surveillance réelle, quels moyens immenses, quelle foule d'agents ne faudrait-il pas! Est-ce avec les maires qui sont principalement chargés de son application qu'il est possible d'organiser sérieusement un tel service? » (M. Faustin-Hélie dans la *Revue de Législation.*)

(2) « Cette peine est surabondante et illusoire comme moyen de police, puis qu'il est *aisé de s'y soustraire*, sinon pour toujours, du moins pour le temps nécessaire à la perpétration d'un crime ; puisque d'ailleurs il est notoire que les criminels d'État, les forçats et les réclusionnaires libérés sont l'objet d'une *surveillance de fait* plus efficace que la *surveillance légale.* » (M. Gouin-*Revue de Législation.*)

(3) Rapport de M. le Président Boullet à la Chambre des Pairs (Séance du 13 Avril 1844).

(4) En dehors des cas où la surveillance est la suite obligée de la peine, elle est prononcée directement par les tribunaux dans la proportion suivante: 14,136 pour la période de 1856 à 1860, 13,415 pour celle de 1861 à 1865. (Voyez cass. 8 mars 1833; Paris, 26 novembre 1836; Morin, 1836, p.289.)

## Notes de la page 11.

(1) Il est à la fois curieux et triste de suivre sur la statistique criminelle le progrès des récidives. De 35,700 qu'il était en 1853, on le voit s'élever à 38,479 en 1854. En 1860 il était de 42,761, et en 1861 de 45,932. La statistique de 1862 signale une augmentation de 14 pour 100 sur les accusés en récidive (1,943 au lieu de 1,709, chiffre de l'Année précédente), et de 8 pour 100 sur les prévenus (47,548 au lieu de 44,223). En 1866, il y avait 53,903 récidivistes, — 2,079 de plus qu'en 1865, soit une augmentation de 34 pour 100. La statistique de 1867 a donné le chiffre de 59,303, celle de 1868, le chiffre de 65,211. — « L'accroissement qui depuis vingt ans « n'a cessé de se produire dans le nombre des prévenus en récidive, — disait à « cette date M. le Garde des Sceaux dans son Rapport, — a été en 1867 plus sen« sible encore que précédemment ; l'écart qui, d'une année à l'autre, n'avait « jamais dépassé 3,000, a été, entre 1866 et 1867, de plus de 5,000. Il y « avait eu la première année 52,150 récidivistes ; en 1867 on en comptait « 57,438 (hommes, 51,016, femmes, 6,422, un peu plus du dixième)...

« L'augmentation se concentre pour ainsi dire exclusivement sur les délits « de vagabondage, de mendicité et d'*infraction au ban de surveillance.* »

La surveillance de la haute police se rattache si directement à la question de la récidive que chaque fois que l'on s'est occupé de la première, il a toujours été question de la seconde : « Tout notre système de surveillance, — disait en 1844 le Comte Beugnot, — a pour but de rendre les libérés meilleurs. « Donc si nous voyons le nombre des récidives en matière criminelle augmenter, nous devrons penser que l'effet de la Loi est mauvais. Si au contraire nous le voyons diminuer, nous en conclurons qu'il faut conserver « l'Art. 44 parce qu'il atteint son but. De 1830 à 1832, la proportion des « récidivistes était de 18 à 19 pour 100 du nombre total des accusés traduits « devant les Cours d'Assises. La Loi de 1832 est rendue, l'Art. 44 modifié, « vous savez que les Lois criminelles ne produisent pas leur effet instantanément il faut toujours un certain temps pour que leur influence sur les « mœurs commence à devenir sensible. Jusqu'en 1835 nous ne voyons pas « augmenter la proportion, mais en 1836 l'effet de la Loi apparaît visiblement, la proportion s'élève à 21 pour 100; en 1837, 20 pour 100; en « 1838, 22 pour 100; en 1839, un peu plus de 22; en 1840, 23; en « 1841, 24. »

« Les causes de récidive, — disait encore M. Bastid, Rapporteur du projet « de Loi portant abrogation du Décret de 1851, — varient, suivant qu'il « s'agit de véritables malfaiteurs ou de coupables de simples délits atteints « par la surveillance, comme par exemple les mendiants et les vagabonds. « Pour ces derniers on ne saurait méconnaître le mal possible résultant de « l'absence de dépôts de mendicité, de la mauvaise tenue de ceux qui existent, de la difficulté pour le surveillé de se procurer du travail avec une « résidence fixe et immuable dans des lieux où n'existent pas d'ateliers « répondant à ses aptitudes professionnelles, d'une sujétion en un mot « qui le condamne quelquefois à la récidive pour trouver un asile et du « pain. »

(2) « De deux choses l'une : ou la surveillance ne portera pas préjudice au surveillé, mais alors elle sera inefficace parce que s'il n'est pas gêné dans sa liberté, il en fera tel mauvais usage que bon lui semblera ; ou bien efficace ou non la surveillance lui portera préjudice, mais alors elle sera injuste car la justice ne veut pas que l'on châtie, que l'on fasse souffrir par avance et pour des délits encore au néant. » (M. Châtagnier.)

### Note de la page 12.

(1) « Ces mesures ont-elles donc quelque action préventive ? Est-ce « qu'elles empêcheront l'agent de concevoir un crime et de l'exécuter ? »

(M. Faustin-Hélie, *Revue de législation*) — « Jamais la surveillance n'a pu « empêcher un repris de justice de commettre un nouveau crime. » (M. Brémont, *Étude sur la surveillance.*)

(2) « Cette interdiction est inutile parce qu'elle n'est que très-rarement « respectée. La situation douloureuse et précaire faite au surveillé dans les « petites localités l'oblige à braver la défense à ses risques et périls et à « courir aux grands centres, soit parce qu'il y trouve de plus amples res- « sources, soit parce qu'il peut y rester inaperçu. Il s'y rendra nonobstant « les entraves ; il pourra bien dans le trajet faire quelque station forcée « devant un Tribunal Correctionnel et subir une nouvelle condamnation pour « vagabondage ou rupture de ban, mais un peu plus tôt un peu plus tard, « il arrivera dans la grande ville. A quoi bon, dès lors, le lui interdire ? » (*De la surveillance*, par M. Châtagnier.)

## Note de la page 13.

(1) Cette tolérance de la police est chèrement achetée ; voici comment les choses se passent. Dès que le Préfet de police a accordé à un individu placé sous la surveillance l'autorisation de résider à Paris il en informe le commissaire de police du domicile du surveillé. En cas de nouveau changement de résidence le commissaire de police écrit au Préfet et à son collègue du nouveau domicile ; sur un simple ordre le surveillé doit quitter sa résidence dans les vingt-quatre heures et se rendre à celle qui lui a été assignée.

## Notes de la page 14.

(1) On peut citer encore parmi les auxiliaires qui rendent chaque jour à la justice et à l'administration les plus réels services pour la constatation des délits et la prompte arrestation des coupables, les commissaires de police administrative près les chemins de fer.

(2) « L'opinion que j'ai conçue de l'inefficacité de la surveillance, dit M. Pré- « gier, n'est pas fondée seulement sur l'étude des faits, mais sur le senti- « ment des personnes qui la dirigent et qui la mettent en pratique. Il n'y a « qu'une voix à l'égard de son *impuissance* et de la facilité qu'ont les mal- « faiteurs de donner le change à l'administration sur le fond de leurs pro- « jets. » (*Des classes dangereuses*, t. 2, p. 453.)

(3) « Si la surveillance ne favorise pas les intérêts des libérés qu'elle n'a « pas après tout mission de favoriser, protége-t-elle du moins les droits

« et les intérêts de la société? C'est ici que les doutes se pressent avec le « plus de force. La surveillance est-elle une mesure légitime et nécessaire, « est-il certain que le législateur doive la maintenir? Si pour examiner « cette grave question on se place au point de vue de la législation actuelle « et si l'on considère la surveillance telle que la Loi l'a faite, il est certain « que des doutes sérieux peuvent être conçus *sur son utilité*. La surveil- « lance telle qu'elle est constituée est donc réellement *impuissante*, et c'est « surtout ce motif qui a poussé plusieurs écrivains à proposer son aboli- « tion. » (M. Faustin-Hélie dans la *Revue de Législation* de 1844.)

## II.

### Notes de la page 16.

(1) Ces interdictions générales de lieux changent suivant les circonstances ou les vues de l'administration. Elle a pour les étendre ou les restreindre un souverain pouvoir. La circulaire du Ministre de l'Intérieur du 18 Juillet 1833 renfermait les interdictions suivantes : Paris et les communes du département de la Seine, Lyon, Marseille, Bordeaux, Lille, Strasbourg, Nantes, Metz, Toulon, Rochefort, Lorient, Cherbourg. — « Toutefois, « ajoute la circulaire, cette interdiction n'est pas absolue. Il serait trop ri- « goureux à moins de considérations majeures de tenir éloignés de ces « lieux les individus qui y auraient soit leur famille soit des répondants, ou « qui pourraient mieux que partout ailleurs s'y procurer des moyens « d'existence... Le nombre des libérés en surveillance légale, continue « le Ministre, est aujourd'hui d'environ 40,000. Plus ils seront disséminés « et moins on aura à redouter ces associations qui se forment souvent entre « les repris de justice. Les considérations d'humanité et de prudence se « réunissent donc ici pour qu'on limite autant que possible le nombre des « localités où il sera défendu aux libérés de fixer leur résidence. »

Cet état de choses changea en 1841, une circulaire du 13 Mai renferme les interdictions suivantes : Paris, les départements de la Seine, de Seine-et-Marne, de Seine-et-Oise, les arrondissements de Château-Thierry et de Senlis, le canton de Villers-Cotterets, Aix, Bordeaux, Brest et la commune de Lambezellec qui en dépend, un certain nombre de communes de l'Isère à cause de leur voisinage de Lyon ; Lyon et sa banlieue, Cherbourg, Lille, Lorient, Marseille, Nantes, Rochefort, Saint-Etienne, Strasbourg, Toulon.

Dans la circulaire de 1841 complétée par celle du 22 Mai 1852, on ne retrouve plus l'esprit libéral de la circulaire de 1833.

(2) « Quelques Préfets demandent qu'il soit établi des feuilles de route spé« ciales, mais on s'en tiendra aux passeports ordinaires. Mentionner dans « ces passeports la condamnation du libéré serait retomber dans une partie « des inconvénients auxquels la Loi nouvelle a voulu remédier. Mais si l'hu« manité réclame des ménagements, la sûreté publique n'en a pas moins ses « exigences. Il conviendra à cet effet au-dessous des mots *Passeport d'in« digent*, d'ajouter à la main ceux-ci : *servant de feuille de route.* La classe « à laquelle le condamné appartiendra sera indiquée immédiatement après « par *F.*, pour les forçats; par *R.*, pour les réclusionnaires; par *C.*, pour « les condamnés correctionnels vagabonds et autres. Ces précautions ont « déjà été adoptées à diverses époques. » (Circulaire du Ministre de l'Intérieur du 29 Août 1834.)

Les prescriptions et les exigences de la circulaire de 1834 sont rappelées dans une instruction Ministérielle du 1er Avril 1841 : « MM. les maires, y « est-il dit, délivrent souvent aux individus placés sous la surveillance de la « haute police des passeports dépourvus de l'itinéraire obligé jusqu'à destina« tion, et des lettres indicatives de la classe de condamnés à laquelle le titu« laire du passeport appartient. C'est à ces omissions fâcheuses qu'il faut « attribuer la présence de tant de condamnés libérés dans les villes où il « leur est interdit de paraître et le séjour qu'ils y font à l'insu des auto« rités locales presque toujours avec impunité, parce que ne se trouvant pas « positivement en état d'infraction réelle ils échappent aux peines légales. » *Bulletin administratif*, p. 51.

## Notes de la page 17.

(1) « N'accorder des secours de route qu'avec une grande réserve. Si la « condamnation n'est pas pour les libérés indigents un titre d'exclusion on « ne doit pas oublier qu'il faut que le condamné libéré soit réellement dans « l'indigence. Il ne faut pas que le secours de route devienne une prime « d'encouragement à l'oisiveté et au vagabondage. » (Circulaire du Ministre de l'Intérieur du 18 Juillet 1833. Rappel de la Circulaire du 22 Juin 1819.)

(2) « L'infraction au ban de surveillance quoique punie correctionnelle« ment, est un délit-contravention qui existe par le fait indépendamment « de toute intention criminelle. » (Nîmes, 14 Mars 1867; *Morin*, 1867, p. 344.)

Il y a délit de rupture de ban nonobstant la bonne foi du libéré qui ayant reçu un passeport pour l'étranger, est revenu se fixer en France dans un lieu où l'administration ne l'a pas autorisé à résider. — « Attendu, dit un « Arrêt de Cassation, que l'autorisation donnée à Negroni par le préfet des « Alpes-Maritimes le 25 Février 1862 de se rendre à Gênes n'a pu dispenser

« Negroni de subir pendant son séjour en France la surveillance encourue « par lui en conséquence de l'Arrêt de la Cour d'Assises de la Corse, sa rési« dence ayant été fixée administrativement à Nice. » (Arrêt rapporté par *Morin*, 1868, p. 274.)

(3) Voyez la note 2 de la page 87.

(4) La Cour de Poitiers, par un Arrêt du 14 Juin 1855, repoussa cette application exagérée de la loi de la surveillance, mais décida en même temps que le libéré qui n'a plus sa feuille de route, se trouvant dès lors dans l'impossibilité de justifier qu'il suit bien son itinéraire, peut être poursuivi et condamné à la fois pour vagabondage et rupture de ban.

(5) La Cour de cassation a repoussé cette interprétation par un Arrêt du 16 Août 1845 (Affaire Kersausie; *Dalloz*, 1845, 1, p. 399; *Morin*, 1845, p. 321). C'est en conformité des mêmes principes qu'a été rendu l'Arrêt suivant : « Le Français qui soumis à la surveillance et ayant obtenu l'autori« sation de se rendre à l'étranger, est rentré en France ou n'a pas quitté le « territoire de l'Empire, ne commet pas le délit de rupture de ban si l'au« torité administrative ne lui a pas assigné en France un lieu de résidence. » (Metz, 4 Novembre 1868; *Morin*, 1868, p. 350.)

## Notes de la page 19.

(1) Les auteurs de la *Théorie du Code Pénal*, partisans du principe de la surveillance, n'ont pas hésité cependant à dénoncer ce pouvoir discrétionnaire de l'administration : « N'est-il pas à craindre, disent-ils, que la seule « relégation dans un lieu que le libéré ne choisit pas mais que l'administra« tion désigne et qu'il ne doit plus quitter, ne soit pas une garantie suffisante « de sa bonne conduite? La surveillance est publique, la surveillance dans « le lieu où elle s'exerce est obligée, *les mesures qui la constituent sont aban« données à la volonté de l'administration*. Faut-il espérer que les libérés « placés dans une telle position s'y résigneront, et ne chercheront pas à « s'y dérober? S'ils ne peuvent plus se livrer au vagabondage en deviendront« ils meilleurs? La loi en aggravant la surveillance jusqu'à en faire une « seconde peine, atteindra-t-elle le seul but qu'elle doit se proposer, l'ex« tinction de la récidive? C'est là une question que l'expérience résoudra et « sur laquelle nous ne voulons qu'exprimer un doute. »

(2) On a peine à croire que dans un temps de libre discussion, chez un peuple où les idées de justice et de liberté peuvent être momentanément

étouffées, mais finissent tôt ou tard par prévaloir, il subsiste encore des classes de *parias*, des êtres que la Loi cesse de protéger, et pour lesquels la société n'a que des rigueurs.

Il en est cependant ainsi.

J'ai déjà signalé dans une brochure spéciale, les attentats dont est menacée la liberté individuelle sous prétexte d'*Aliénation mentale*, je plaide aujourd'hui la cause des individus renvoyés sous la surveillance de la haute police. La société renferme une autre classe d'êtres misérables abandonnés à l'arbitraire de la police, celle des filles dites *de mauvaise vie*. Seulement tandis que certaines prescriptions de la Loi du 30 Juin 1838 malgré leur insuffisance protégent encore les aliénés, tandis que les individus renvoyés sous la surveillance peuvent tout au moins en consultant la Loi, connaître le sort qui les attend, les femmes arbitrairement classées parmi les filles de mauvaise vie n'ont ni Lois pour les défendre, ni Tribunaux pour les juger. Leur liberté, comme leur personne, appartient à la police qui en dispose sans contrôle. La rigoureuse Ordonnance du 6 Novembre 1798 toujours en vigueur, les Lois et Arrêtés des 14 Décembre 1789, 16-24 Août 1790, 19-22 Juillet 1791 (tit. 1, art. 10), 10 Vendémiaire an VI, 5 Brumaire an IX, 19 Ventôse an XI, 28 Avril 1832 modifiant l'Art. 471, nº 15, du Code Pénal, arment l'autorité municipale et les commissaires de police d'un pouvoir absolu. Le préfet ou le maire peuvent de leur seule autorité et sans appel condamner ces malheureuses à la prison pour une durée de plusieurs mois, et il suffit d'une décision municipale pour leur imposer le nom sous lequel on les flétrit. Quand la police a dit : Cette femme est une fille de mauvaise vie, une fille publique, une prostituée, personne n'a qualité pour contredire. Vainement la femme intéressée à se défendre protestera, vainement elle offrira d'établir que si sa conduite n'est pas régulière elle est loin cependant d'en être venue à ce degré d'abjection, il faudra sous peine de désobéissance et de condamnation (car cette fois l'Art. 471 est applicable) qu'elle se soumette la mort dans l'âme et la rougeur au front aux obligations qu'on lui impose : 1º son inscription sur le registre des prostituées ; 2º la délivrance d'une carte avec son nom, son signalement et son numéro d'ordre, carte qu'elle doit porter sur elle comme un signe public d'infamie, et produire à la première réquisition ; 3º la remise d'un livret commentaire de la carte, où figurent toutes les mesures disciplinaires relatives à sa tenue ou à sa santé : — la loi qui a aboli les livrets d'ouvriers n'a pas songé au livret de la fille publique ; 4º l'obligation humiliante et honteuse de se soumettre à des époques déterminées à la visite médicale du dispensaire.

Telles sont les graves mesures que la police est autorisée à prendre contre des femmes qui n'ont pourtant commis aucun délit. — « L'autorité munici-
« pale, dit Parent-Duchâtelet, l'historien de la prostitution, exerce sur les
« femmes dites de mauvaise vie une autorité *arbitraire* et sans contrôle, soit
« qu'il s'agisse d'inscriptions de règlements, de régime sanitaire, soit qu'il
« faille imposer des taxes, condamner à la prison ou bannir de la ville. Il

« n'y a aucune législation sur le régime disciplinaire auquel elles seront « soumises. Jamais on ne les traduit devant les Tribunaux, par crainte du « scandale et des attentats qui pourraient être portés à la décence et aux « mœurs. La loi suprême de l'ordre et de la morale publique investit l'admi- « nistration de pouvoirs très-étendus pour réprimer les délits et contraven- « tions commis par les filles soumises, toutefois l'administration ne doit « jamais s'écarter des devoirs qu'impose l'humanité et s'éloigner *le moins* « *possible* des principes de liberté individuelle qui sont la base de notre con- « stitution politique et reçoivent ici une exception nécessaire.

« Que de prudence ne faut-il pas pour discerner la nuance qui sépare les « prostituées des femmes dont la conduite est seulement irrégulière...? Les « agents de l'autorité qui arrêtent les prostituées insoumises doivent dans « leurs rapports donner tous les détails qui peuvent rendre certain le fait de « prostitution habituelle qui entraîne l'inscription sur le livre de la police. Il « faut prendre d'autant plus de soin d'imposer aux actes de l'autorité les ca- « ractères de la justice et de l'exactitude que l'on procède en dernier ressort « et *d'après des règles arbitraires.* » (*Commentaire de Parent-Duchâtelet et des Circulaires de M. de Belleyme, préfet de police.*)

En fait, ce pouvoir exorbitant est exercé par un seul homme, le commissaire de police. Le commissaire de police peut se tromper, il peut manquer de conscience, de droiture, il peut en vouloir à une femme et agir par esprit de vengeance. En Bourgogne, le commissaire de police d'une ville de plus de 20,000 âmes, homme d'une intégrité douteuse, de mœurs mauvaises, menaçait les jeunes ouvrières sur lesquelles il avait jeté les yeux de les inscrire à la police si elles refusaient de se livrer à lui. Il se contentait d'avertir celles qui lui résistaient qu'il trouverait bien un agent pour attester qu'elles se livraient à la prostitution. A Autun, un commissaire de police ayant fait inscrire et soumettre à la visite médicale quatre jeunes filles appartenant à des familles d'honnêtes artisans, le médecin du dispensaire reconnut que ces jeunes filles étaient vierges. Un autre provoqua une émeute dans une petite ville de Basse-Bretagne pour avoir voulu faire visiter une jeune fille notoirement connue comme ne tenant pas une conduite irrégulière.

Ces abus ne sont pas isolés.

Sous la Convention, le Directoire, le Consulat et l'Empire, à des époques plus récentes encore, on conçut la louable pensée de réglementer le pouvoir de la police; mais ces projets ont tous avorté, sans doute parce qu'aucune voix ne s'éleva alors pour défendre la cause abandonnée des femmes dites de mauvaise vie.

Cependant le nombre de celles sur qui s'exerce l'action de la police est de 50,000 environ; dans ce chiffre Paris entre à peu près pour 30,000. Ce sont 50,000 femmes qui ont à subir bien des hontes injustes bien des mauvais traitements inconnus; leurs souffrances, leur abaissement même les rendent dignes d'intérêt, car il n'y a pas d'être tellement abject que la main de la justice ne doive s'étendre jusqu'à lui. Dans ces classes malheureuses, pour un sujet réellement vicieux combien n'y a-t-il pas d'égarées; d'ailleurs la liberté individuelle doit être garantie à tous, et en dehors de la Loi et des Tribunaux devant lesquels les intérêts de chacun sont librement débattus je ne reconnais à aucun pouvoir le droit de molester qui que ce soit dans son honneur ou sa personne.

(3) Je citerai notamment Paris, Lyon, Saint-Etienne.—Le Comte Beugnot se plaignait à la Chambre des Pairs en 1844 de ce que Rouen n'eût pas été défendu aux condamnés libérés placés sous la surveillance. (*Voir plus bas note 1 de la page* 38.)

### Notes de la page 20.

(1) « Quand un condamné à sa sortie de prison, est contraint de fuir ceux qui le connaissent pour aller au loin tendre la main à d'autres qui ne le connaissent pas, comment voulez-vous qu'il s'amende et se régénère? Repoussé *parce qu'il est connu*, repoussé *parce qu'il est inconnu*, sa situation n'a pas d'issue morale : la Loi lui fait une nécessité du mal qu'elle veut extirper. » (M. Gouin, dans la *Revue de législation.*)

(2) « La surveillance ne doit pas être une gêne, *parce qu'elle pousserait l'agent au crime.* » (M. Faustin-Hélie, *Revue de Législation* de 1836.) — « La surveillance, en proclamant la défiance du gouvernement, éveille la défiance des populations ; elle confirme le préjugé général qui les repousse des ateliers; elle les isole au milieu de la foule, elle les rejette presque malgré eux dans la société des repris de justice et des gens mal famés qui seuls les accueillent, elle les corrompt en les déclarant infâmes, elle les pousse vers le crime en rendant impraticable la voie où ils sont placés. » (Le même, dans la *Revue de Législation* de 1844, p. 556.)

(3) « Sans doute, — disait le Comte Beugnot, — le *mystère* est justice pour « ceux des libérés qui sont animés de bonnes dispositions et dont le repentir « est sincère, mais il ne faut pas croire qu'il soit pour tous un principe « d'amélioration, car pendant douze ans ils ont pu sans nul obstacle dissi- « muler leur passé à leurs concitoyens. Cependant sont-ils meilleurs? Non, « chacun en convient; de l'aveu de tous les Magistrats, de tous les admi- « nistrateurs, jamais ils n'ont été plus ennemis de tout travail régulier, plus « endurcis au crime, plus redoutables qu'aujourd'hui. »

« Quant au *mystère*, — disait de son côté le Président Boullet, — il ne peut « guère exister en fait; la survenance d'un étranger appelle promptement l'opi- « nion publique à la recherche de ses antécédents. Et puis le mystère est-il bien

« à désirer? S'il est favorable au condamné il est dangereux pour la société, « pour les familles dont un libéré habile peut surprendre la confiance et la « trahir. En veillant sur le sort de cette classe malheureuse il ne faut pas « perdre de vue les intérêts plus graves de la sécurité publique. Sans doute « il est à désirer qu'une répugnance quelquefois injuste ne ferme pas aux « libérés l'accès des familles honnêtes, mais il faut que ce soit en connais- « sance de cause. Enfin l'expérience dépose contre les avantages du mystère : « les libérés dans l'état de choses actuel échappent facilement à l'œil de « l'autorité. Ont-ils profité de cette liberté pour se corriger et revenir à de « meilleures habitudes? Le nombre croissant des récidives répond à cette « question. » (*Séance de la Chambre des Pairs, des* 8 *Mars et* 13 *Avril* 1844.)

(4) Colmar, 3 Juillet 1833.

## Notes de la page 21.

(1) Cass. 31 Janvier 1834. (Voyez la note 4 de la page 30.)

(2) « L'art. 44 ne veut pas dire que les condamnés ne pourront aller d'une « commune dans une autre pour chercher du travail. Les excursions qui « peuvent durer deux ou trois jours ne constituent pas un changement de ré- « sidence. » (*M. de Bastard à la Chambre des Pairs.*) — Le Garde des Sceaux ajoutait : — « Dans l'application de la législation, quelque précises que soient « les expressions dont on se sert, il y a toujours quelque chose qui est aban- « donné à la conscience de l'administration. *Il est certain qu'un individu qui « aurait fixé sa résidence à Paris et qui irait passer quelques jours à Auteuil ne « serait pas dans le cas d'un individu qui veut changer de résidence.* » (Même séance.)

(3) Agen, 16 août 1849; *Dalloz*, 1849, 2, p. 247.

(4) Le Décret du 8 Décembre 1851 exige en termes exprès la résidence continue. (Cass. 13 Décembre 1844.)

(5) Cass. 13 décembre 1844.

La cour d'Orléans a décidé que : « l'individu placé sous la surveillance « de la haute police, bien qu'il ait un domicile certain dans le lieu de la « résidence qui lui est indiquée, peut cependant être constitué en état de « vagabondage. S'il mène en effet la vie de vagabond, il pourra à la fois « être condamné pour vagabondage et pour rupture de ban. » (Orléans,

2 Décembre 1850; — *Dalloz*, 1851, 2, p. 179.) — La cour de Montpellier a « décidé, en sens contraire, que : « les individus placés sous la surveillance « de la haute police ont dès lors et nécessairement un domicile certain et « ne peuvent être déclarés vagabonds. (Montpellier, 27 février 1837; *Morin*, 1838, p. 105.)

(6) « Si le libéré n'a plus de feuille de route et que rien n'établisse dès lors qu'il suit bien l'itinéraire qui lui a été fixé il pourra être poursuivi et condamné à la fois comme vagabond et pour rupture de ban; les deux délits pourront exister l'un en même temps que l'autre. » (Poitiers, 14 Juin 1855.)

« Les délits de vagabondage et de rupture de ban sont deux délits différents qui peuvent entraîner une double condamnation ou deux condamnations successives. Si le Ministère public apprend après une condmnation pour vagabondage, que le condamné avait été précédemment mis sous la surveillance de la haute police et avait abandonné le lieu de sa résidence obligée, il n'y a pas chose jugée, et la prévention de rupture de ban ne doit pas être repoussée comme reposant sur le même fait et par la maxime : *non bis in idem.* » (Angers, 21 Juin 1847.) — *Arrêts conformes* : Cass. 29 Décembre 1849. — Nîmes, 22 Janvier 1851. — Cass. 13 Mai 1853. — Cass. 7 Septembre 1855.

Toutefois la question est controversée, et des arrêts ont décidé, en sens contraire que : « Le condamné qui, renvoyé sous la surveillance de la haute police, néglige à sa sortie de prison de se rendre dans la commune qui lui a été assignée pour résidence, ne peut être condamné tout à la fois pour vagabondage et pour infraction au ban de surveillance. Ces deux délits s'excluent, puisque, indépendamment des deux autres conditions relevées par l'Art. 270, l'état de vagabondage résulte principalement du fait de n'avoir aucun domicile certain, tandis que l'individu placé sous la surveillance de la haute police a pour domicile le lieu qui lui a été fixé au moment où a pris fin la peine de l'emprisonnement à laquelle il a été condamné. S'il n'obéit pas à l'injonction qui lui est faite de s'y rendre, ou s'il s'en écarte sans autorisation après s'y être rendu, il est passible de la peine qui est formellement prononcée pour ce cas par l'Art. 45. » (Montpellier, 20 juin 1859; *Morin*, 1859, p. 322.) — *Arrêts conformes* : Montpellier, 27 Juin 1837. — 21 Avril 1842; — Bourges, 31 Mars 1842. — Montpellier, 7 Décembre 1846. — 15 Septembre 1851. — 20 Février 1854. — Cass. 7 Septembre 1855. — Poitiers, 13 Septembre 1858. — Tribunal d'Orange, 26 Septembre 1868.

### Note de la page 22.

(1) M. Gouin signalait en 1840 les faits suivants : « Il n'y a pas long-« temps qu'un maire me disait : Est-ce donc parce que personne n'en veut « qu'on nous donne ce vaurien à garder ? Pourquoi plutôt à nous qu'à d'au-« tres, et puisque sa présence est un danger, pourquoi ne pas le renfermer ? — « Les maires se montrent plutôt empressés à fournir au surveillé des moyens de « quitter la commune qu'ils ne montrent d'empressement à surveiller ses dé-« marches afin qu'il ne rompe pas son ban. L'administration pourrait dire quelle « facilité ils montrent pour délivrer, même dans les cas où ils n'en ont pas « le pouvoir, des permis de circuler ou des passeports volants dont les Tri-« bunaux ne peuvent tenir aucun compte, de telle sorte que l'autorité repré-« sentée par eux se fait en quelque sorte complice du délit de rupture « de ban. »

« On sait, — disait de son côté M. le Président Boullet, — qu'à force de dé-« goûts on peut les éloigner de la commune dont ils ont choisi la résidence, « et rejeter sur d'autres lieux le fardeau d'êtres aussi inquiétants. Aussi, « outre la répulsion naturelle qui détourne les gens honnêtes de les em-« ployer, ils éprouvent de la part de l'autorité la même répugnance. « Obligés alors de changer de résidence, ils sont traqués en quelque sorte de « commune en commune, et ils rentrent forcément dans la vie vagabonde qui « les entraîne de nouveau au crime. »

(2) Les préfets sont particulièrement chargés de représenter le gouvernement dans les départements pour tout ce qui concerne l'exécution de la surveillance.

(3) « Aucun condamné en surveillance ne peut quitter sa résidence sans « avoir obtenu l'autorisation préalable du gouvernement. Le préfet peut « accorder des autorisations provisoires, mais nul autre fonctionnaire, sous-« préfet, maire ou commissaire de police ne sauraient le suppléer en cette « circonstance. » (Circulaire du Ministre de la Police du 1er Septembre 1852.) « Tous les individus placés sous la surveillance sont tenus de rester dans « le lieu actuel de leur résidence et de n'en sortir pour aller habiter une « autre commune qu'avec la permission du gouvernement. Le préfet, lors-« qu'il n'y aura aucun inconvénient pour l'ordre et la sécurité publique, « pourra délivrer une autorisation provisoire de changement de résidence, « mais dans les cas douteux, et aussi quand il s'agira d'un condamné po-« litique, il devra toujours *en référer au Ministre de la Police.* » (Circulaire Ministérielle du 22 Mars de la même année.)

### Note de la page 23.

(1) Dans la plupart des cas le temps de la surveillance dépasse la durée de l'emprisonnement, de manière que l'accessoire l'emporte sur le principal.

### Note de lo page 26.

(1) Un dessinateur sur étoffes ne peut en effet trouver l'emploi de son industrie que dans une ville manufacturière comme Paris, Lyon, Rouen, Saint-Etienne ou Mulhouse trois de ces villes sont interdites aux surveillés.

### Note de la poge 29.

(1) « Qu'importe que sa conduite soit exemplaire et sans reproche? La sur- « veillance lorsqu'elle est l'accessoire d'une peine afflictive même tempo- « raire, n'a d'autre terme que le terme de la vie; la grâce elle-même est « impuissante à la faire cesser il faudrait recourir aux *inabordables solen-* « *nités de la réhabilitation.* » (M. Faustin-Hélie, *Revue de Législation* de 1844.)

### Note de la page 30.

(1) Jusqu'à l'année 1847 la réhabilitation n'était accessible qu'aux individus condamnés à des peines afflictives et infamantes, un Décret du gouvernement provisoire du 18 Avril 1848 en a étendu le bénéfice aux condamnations correctionnelles. L'effet de cette mesure s'est fait instantanément entir, les réhabilitations ont atteint en 1848 au chiffre de 114, mais pour retomber à cinquante dès l'année suivante.

(2) Art. 619 à 634 du Code d'Instruction Criminelle.

(3) « Comme le chapitre de la réhabilitation n'a jamais passé sous les « yeux du condamné, comme personne ne l'a averti qu'il pouvait se faire

« réhabiliter cet expédient est pour lui comme s'il n'existait pas. Nous affirmons sans crainte de nous tromper que, sur mille condamnés, il n'y « en a pas trois qui le connaissent et qui puissent conséquemment le mettre « à profit. » (*De la Surveillance*, par M. Châtagnier.)

## III.

### Notes de la pages 31.

(1) Compte-rendu de la justice criminelle.

(2) « Les réhabilitations accordées en vertu des art. 619 et suivants du Code d'instruction criminelle ont été jusqu'à ce jour très-rares, leur nombre annuel n'a pas dépassé : 13, de 1826 à 1830, — 25, de 1831 à 1835, — 25, de 1836 à 1840, — 21, de 1841 à 1845, — 60, de 1846 à 1850, — 29 pour les 25 ans... En 1850 il est redescendu à 50. » (*Statistique criminelle de* 1852.) « Le nombre des lettres de réhabilitation accordées en 1839, — « dit le rapport du Garde des Sceaux sur la statistique criminelle de 1841, « — a été de 26 seulement, comme en 1838. Cette faible quotité appellera « sans doute prochainement l'attention des législateurs sur une institution « dont les promesses n'ont pas été jusqu'à présent réalisées. La société a « intérêt à ce qu'un plus grand nombre de condamnés recouvrent les « droits de la cité en donnant des garanties efficaces pour l'avenir. Il sera « donc nécessaire d'examiner s'il y a lieu de faciliter l'accès de la réhabilitation, d'abréger ses épreuves et d'appeler un plus grand nombre de con- « damnés à la mériter. »

(3) Art. 52 du Code du Brésil.

(4) L'Art. 5 du Code Prussien dispose que les délinquants de nature à devenir dangereux à la société ne doivent pas encore qu'ils aient subi leur peine, être remis en liberté avant d'avoir justifié qu'ils peuvent vivre par quelque moyen honnête.

### Notes de la page 32.

(1) Cette peine a été abrogée par le Code Pénal de 1791.

(2) Art. 131.

(3) Tout forçat libéré est tenu de faire connaître au moment de sa libération dans quelle commune il veut établir sa résidence. Il ne peut choisir ni une ville de guerre ni un lieu situé à moins de trois myriamètres de la frontière. Le lieu de sa destination sera indiqué sur sa feuille de route; à son arrivée dans le département de sa résidence, il se rendra au chef-lieu, se présentera à la préfecture et y déclarera de nouveau la commune dans laquelle il entend résider. Le préfet le placera sous la surveillance de l'autorité locale (Décret du 19 Ventôse an XIII).

(4) Les forçats libérés sont remis à l'expiration de leur peine, aux autorités civiles. Le séjour de Paris, Versailles, Fontainebleau et de tous les lieux où il existe soit des palais impériaux, soit des bagnes, leur est interdit, ainsi que celui des places de guerre ; ils ne peuvent non plus résider à moins de trois myriamètres de la frontière et des côtes. Ils reçoivent des secours de route (30 centimes par myriamètre) ; arrivés à destination, ils se présentent au commissaire de police ou au maire, ils ne peuvent quitter leur résidence sans l'autorisation du préfet. En outre des résidences interdites le Ministre peut, lorsque des motifs d'ordre et de sécurité l'exigent, en défendre d'autres aux surveillés, les déplacer de leur résidence actuelle et charger les autorités locales de les diriger sur d'autres lieux. Les condamnés aux travaux forcés d'origine étrangère devront après leur libération sortir du territoire de l'Empire (Décret du 17 Juillet 1806).

## Notes de la page 33.

(1) Locré, *Travaux préparatoires*, t. XXX, p. 27 et 28.

(2) Locré, *Travaux préparatoires*, p. 192 et 226.

## Notes de la page 34.

(1) *Rapport du Duc de Rovigo, et projet de Décret.* Locré, t. XXIX, p. 236.

(2) « Est-il bien exact de prétendre, disait Carnot, que le cautionnement « ne soit pas dans l'intérêt du condamné lorsque c'est le seul moyen qui lui « soit offert d'éviter l'exil ou l'emprisonnement? » (*Commentaire du Code Pénal*, t. I, p. 132.)

### Notes de la page 35.

(1) Exposé des motifs devant la Chambre des Députés et la Chambre des Pairs, les 31 Août 1831 et 9 Janvier 1832. (*Moniteur* du 1er Septembre 1831, p. 1494 et 1495, et du 10 Janvier 1832, p. 82.)

(2) MM. Chauveau et Faustin-Hélie, dans leur *Théorie du Code Pénal*, s'élèvent avec la même force contre le système de 1810 . . . « qui élevait des obstacles presque insurmontables à l'amendement des criminels. Les mesures « rigoureuses prises par la police pour s'assurer que le libéré occupait réelle« ment la résidence assignée donnaient au fait de la condamnation une pu« blicité inévitable. Surveillé par des agents subalternes, signalé à la défiance « des maîtres, à la jalousie, au mépris des ouvriers, suspect de tous les crimes « du lieu qu'il habitait, le libéré ne trouvait pas de travail ; l'impossibilité « de gagner son pain étouffait en lui toute résolution de vie meilleure et la « misère le rejetait bientôt dans le crime. » — « Cette espèce de relégation, « qui se nomme la surveillance, disait encore M. Faustin-Hélie dans la *Revue « de législation* de 1844, renfermait l'agent que la loi prétendait libéré, « dans l'enceinte d'une commune comme dans une nouvelle prison, le tor« turait de sa vigilance, le flétrissait aux yeux de ses concitoyens sans qu'il « pût échapper à l'infamie, l'isolait en publiant son crime et perpétuait sa « prison après qu'il l'avait déjà subie. Qu'importait qu'il ne pût trouver au« cune ressource, aucun moyen d'exercer son industrie ? Il était rivé à cette « place... Le libéré semblait donc voué à l'infamie et à la misère, et s'il lui « venait à la pensée de briser sa chaîne, s'il profitait de cette demi-liberté qui « lui était laissée en quelque sorte comme un piége, il était presque fatale« ment entraîné de l'infraction de son ban au vagabondage, et du vagabon« dage au crime. Ainsi cette surveillance était aveugle, car faite pour pré« venir la récidive, elle y poussait l'agent de toute sa puissance ; elle était « immorale, car sous prétexte d'éclairer sa vie, elle élevait un obstacle in« surmontable à son amendement. »

Ce qui était vrai du système de 1810 l'est toujours, puisque le Décret du 8 Décembre 1851 en a fait revivre les sévérités, et les a même en quelques points dépassées.

(3) On pouvait en effet parler du *vœu public*, car de nombreuses protestations émanées des particuliers, des pétitions aux Chambres, étaient venues hâter l'initiative du gouvernement. Au mois de Mars 1832, alors que la discussion sur les réformes à introduire dans notre Droit Pénal était à peine commencée, M. Viennet faisait à la Chambre des Députés le rapport d'une pétition demandant l'abrogation de la surveillance. — « S'il est,

« disait le rapporteur, des hommes qu'une correction judiciaire ramène à « résipiscence, il en est un trop grand nombre que le séjour des bagnes et « des maisons de détention ne corrige point, et l'expérience a prouvé que « beaucoup d'entre eux en sortaient avec des vices nouveaux et des mœurs « plus corrompues. Les crimes et les délits que prévient ou signale la police « de la capitale, les associations criminelles qu'elle surveille et dont elle saisit « les membres sont rarement étrangers à cette classe d'hommes, et il est « fort douteux que cette surveillance les réduise à la nécessité de vivre dans « une hostilité flagrante contre la société. Les criminalistes, les moralistes « les plus éclairés sont divisés sur ce point, et il n'est pas prouvé qu'une « excessive philanthropie à cet égard ne pût devenir préjudiciable au bon « ordre et à la sûreté des grandes villes. Cependant tout ce qui peut jeter « quelque jour sur cette grave question ne saurait être reçu avec indiffé- « rence, et sans prétendre donner la moindre approbation aux idées du péti- « tionnaire, votre commission me charge de vous proposer le renvoi à M. le « Ministre de la Justice.

« *M. Prevost-Leygonie :* J'ai déjà eu l'honneur de faire un rapport sur « une pétition ayant le même objet. La commission a proposé de passer à « l'ordre du jour, et la Chambre a adopté ses conclusions. Je demande que, « dans cette circonstance, la Chambre prenne la même résolution.

« *M. de Lameth :* La surveillance à laquelle sont soumis les condamnés « est une partie de leur peine. »

L'ordre du jour est mis aux voix et adopté. (Séance de la Chambre des Députés du 17 Mars 1832; *Moniteur* du 19.)

(4) Rapport de M. Dumon. Séance du 11 Novembre 1631; *Moniteur* du 12, p. 2205.

## Notes de la pages 36.

(1) Séance du 16 mars 1832; *Moniteur* du 18, p. 778.

(2) « Cette surveillance, — disait le Garde des Sceaux, — ne pouvait être supprimée... Il y a nécessité de briser les liens de ces associations menaçantes qui s'établissent si aisément entre les repris de justice. Les moyens ordinaires de surveillance dont la police peut disposer ne suffisent pas pour tenir la société en défense contre d'aussi grands périls. » (M. Barthe à la Chambre des Pairs; Séance du 9 Janvier 1832; *Moniteur* du 1er Septembre, p. 1494 et 1495.)

(3) Séance de la Chambre des Députés du 2 Décembre 1831; *Moniteur* du 3, p. 2292.

(4) On n'avait pas d'abord déterminé le délai dans lequel le surveillé qui veut changer de résidence est tenu de faire sa déclaration au maire. Le projet aggravait singulièrement la nécessité de la déclaration en exigeant qu'elle fût faite au préfet du département que quittait le libéré et à celui du département dans lequel il se rendait. La discussion qui s'éleva sur ce double objet n'est pas sans intérêt : — « Le temps serait mal choisi, disait M. le Premier Président « de Kerbertin, pour diminuer les moyens de surveillance qui doivent appar- « tenir au gouvernement. Peut-être aurait-on pu laisser subsister l'Art. 44, « sauf à retrancher le cautionnement qui est presque toujours une précaution « illusoire... Il est dit que quand le condamné voudra changer de résidence, « il lui sera loisible de faire sa déclaration soit au préfet, soit au sous-préfet, « soit au *maire* de sa commune. Rien de mieux pour les deux premiers fonc- « tionnaires, mais suffirait-il que le condamné s'adressât au maire? Un maire « de campagne, soit ignorance soit négligence, pourra ne pas en donner im- « médiatement connaissance à l'autorité du lieu où le condamné aura trans- « féré son domicile.

« *M. Parant :* Nous avons cru que l'on pourrait se dispenser d'exiger des « individus placés sous la surveillance la seconde déclaration au préfet du « département qu'ils voulaient aller habiter, qu'il suffisait qu'ils eussent fait « au préfet du département qu'ils quittaient cette déclaration de changement « de résidence parce que l'autorité de ce département pourrait en faire la « déclaration à celle du département où ils vont. Il s'agissait seulement de « savoir dans quelle forme serait faite la première déclaration, la seule im- « posée à l'individu soumis à la surveillance. Si on disait à cet individu : « Vous ferez votre déclaration au préfet du département que vous quittez, « cette obligation pourrait être onéreuse pour lui parce qu'il pourrait se « trouver placé à l'extrémité du département et avoir quinze ou vingt lieues « à faire pour arriver au chef-lieu. Nous avons pensé, pour obvier à cet in- « convénient, qu'il convenait de lui permettre de faire sa déclaration au sous- « préfet. Mais, comme également cette déclaration au sous-préfet pourrait « l'obliger à un déplacement onéreux, nous avons pensé qu'il pouvait faire « aussi cette déclaration au maire de la commune qu'il habitait. Ainsi l'amen- « dement a pour but de rendre cette déclaration facile... Le but de la com- « mission a été de faciliter le changement de résidence. » (Séance de la « Chambre des Députés du 2 Décembre 1831 ; *Moniteur* du 3, p. 2292.)

« On a objecté, — disait de son côté le Garde des Sceaux à la Chambre des « Pairs, — qu'un individu pouvant ne déclarer son intention de changer de rési- « dence qu'une heure avant son départ, il deviendrait difficile de le suivre. « On pourrait prescrire que le changement de résidence devra être déclaré « quelques jours auparavant. » (Séance du 16 Mars 1832 ; *Moniteur* du 18, p. 778.)

## Notes de la page 38.

(1) L'individu mis sous la surveillance de la haute police qui sans déclaration préalable quitte le lieu de sa résidence, ne se rend pas coupable du délit de rupture de ban ou d'infraction au ban de surveillance si son absence est momentanée et motivée par le besoin de gagner sa vie. (Agen, 16 Août 1849; Dalloz, 1849, 2, p. 21.)

Cette interprétation équitable des prescriptions de l'art. 45 du Code Pénal fut vivement attaquée en 1844 devant la Chambre des Pairs par les auteurs d'un projet de réforme de la surveillance de la haute police : « Une interruption partie du sein de cette Chambre, lors de la discussion de la loi de « 1832, disait le Comte Beugnot, a indiqué aux tribunaux qu'ils ne devaient « pas regarder comme étant en rupture de ban le libéré qui s'absenterait « pendant trois jours seulement. Savez-vous ce qui est arrivé? La ville de « Rouen, ville manufacturière, industrieuse, située à trente-cinq lieues de « Paris et où il était naturel de penser que les libérés trouveraient de nom- « breux moyens d'existence n'a pas été frappée d'interdiction. Aussi est-elle « devenue, pour ainsi dire leur quartier général : cette ville en est infestée. « Dès que l'on a déclaré que l'absence de trois jours ne constituerait pas « une rupture de ban, il en est résulté, grâce aux progrès des voies de com- « munication, qu'un libéré en résidence à Rouen peut venir passer deux « jours à Paris et retourner ensuite à Rouen avant l'expiration des trois « jours, sans que la police de cette dernière ville qui ne sait que trop bien « dans quelle intention coupable il s'est déplacé, puisse l'accuser d'avoir rompu « son ban. Il a pu exécuter à Paris ses desseins criminels et rentrer à « Rouen emportant avec lui les preuves et les produits de son méfait, et sans « être exposé malgré une rupture de ban effective à aucune poursuite. » (Séance du 8 Mars 1844; *Moniteur* du 9, p. 546.)

« Les libérés, — ajoutait le Président Boullet à la séance du 13 Avril, — se « placent dans les villes populeuses où ils espèrent échapper plus sûrement à « l'œil de la police, ils recherchent les environs de Paris où la facilité des com- « munications qui se multiplient de jour en jour leur permet de se rendre « rapidement, d'où ils s'éloignent avec la même célérité sans laisser d'autres « traces que le souvenir de leurs crimes. Aussi les deux tiers des crimes « qui sont commis dans la capitale appartiennent-ils aux libérés qui échap- « pent à la surveillance. » (*Moniteur* du 20 Avril 1844, p. 1017.)

(2) « Un condamné soumis à la surveillance de la haute police qui sur l'in- « jonction à lui faite de quitter telle ville n'a pas fait connaître le lieu où « il voulait fixer sa résidence, et a refusé de se rendre à la destination qui « lui était indiquée d'office, peut être puni des peines de l'Art. 45 comme

« coupable de rupture de ban. » (Cass. 31 Janvier 1834. — *Conforme*, Paris, 26 Novembre 1836; Morin, 1836, p. 289.)

On a objecté contre ce ce dernier Arrêt qu'il est difficile de comprendre qu'une omission puisse légalement constituer un délit. Si l'individu frappé par une première condamnation se refuse de nouveau à répondre, qu'il en encoure une seconde, puis une troisième, il aura à subir plusieurs peines pour infraction à une surveillance qui n'aura jamais commencé! On pouvait ou décider que le libéré rendrait par son refus à l'administration le pouvoir de fixer elle-même sa résidence, — mais c'eût été méconnaître les termes exprès de la Loi, ou retarder sa sortie jusqu'à ce qu'il consentît à indiquer le lieu où il entendait se fixer. J'inclinerais vers cette seconde solution, qui sans rétablir la détention administrative, puisqu'elle aurait pour cause, non plus le fait de l'administration, mais le mauvais vouloir du libéré, est conforme au texte de l'Art. 44 qui déclare que le condamné doit faire connaître, *avant sa mise en liberté*, le lieu où il entend fixer sa résidence.

(3) Le Garde des Sceaux à la séance de la Chambre des Pairs du 9 Janvier 1832.

« Pourquoi, disait l'année précédente M. Barthe devant la Chambre des « Députés, pourquoi interdit-on à un individu condamné la résidence dans cer- « tains lieux, et notamment dans le lieu où le jugement a été prononcé? « Parce que sa présence serait dangereuse pour les témoins, pour la partie « plaignante, en un mot parce qu'il y a danger à le laisser dans un lieu « déjà témoin d'un premier crime. » (Séance du 2 Décembre 1831; *Moniteur* du 3, p. 229.)

(4) « Il n'était pas possible qu'en présence de l'abrogation de l'ancien « article du Code Pénal qui permettait au gouvernement de fixer le lieu « dans lequel l'individu libéré devait résider, le gouvernement pût encore « dire au condamné qu'il y aurait 84 ou 85 départements dans lesquels il « ne pourrait pas résider, car c'eût été rentrer indirectement dans l'appli- « cation du Code de 1810. Il fallait que le gouvernement se conformât plus « loyalement à l'exécution de la loi qu'il avait proposée, et que les Chambres « avaient adoptée. » (M. Martin, du Nord, à la Chambre des Pairs; Séance du 8 Mars 1844, *Moniteur* du 9, p. 546.)

« Il a été déclaré que l'administration n'avait pas le droit d'étendre au-delà des limites qui avaient été déterminées par le Décret de 1806 le cercle d'interdiction de séjour dont étaient frappés les condamnés, que par exemple sur 86 départements, on n'en pourrait pas interdire aux libérés 85, ou 84, de manière à restreindre leur choix, et à rétablir, d'une manière indirecte, l'ancien mode de surveillance. » (Proposition de M. le Comte Beugnot à la même séance.)

## Notes de la page 39.

(1) « Si les condamnés sont libres à certains égards de se fixer dans toutes les localités qui ne leur sont pas défendues, le gouvernement n'en est pas moins autorisé à les contraindre de s'éloigner de leur résidence lorsqu'ils s'y conduisent de manière à compromettre la sûreté publique. Il est en effet dans l'esprit de la loi, outre les défenses générales qui s'appliquent à tous les individus en état de surveillance, de soumettre chaque condamné s'il y a lieu à des interdictions particulières qui seront le résultat d'une appréciation de sa moralité et des dangers présumés de sa présence dans tel ou tel lieu; mais il faut pour cela des motifs d'une gravité réelle. » (Circulaire du Ministre de l'Intérieur du 18 Juillet 1833.)

(2) « Les individus soumis à la surveillance, même en tenant compte de « l'adoucissement qu'apporte à la Loi du 28 avril 1832 l'Avis du Conseil « d'Etat du 7 Novembre même année, ainsi que ceux qu'on appelle vulgai- « rement repris de justice, se trouvent souvent en fait les uns et les autres « d'après l'exécution de nos lois pénales et administratives en vigueur, dans « l'impossibilité matérielle malgré leur bonne volonté de se procurer des « moyens d'existence licites. Du moment où leurs antécédents sont connus « (et ils le sont toujours !) personne ne veut les employer comme domesti- « ques ou journaliers, comme ouvriers et artisans, personne ne veut non « plus leur confier la matière première qu'ils pourraient façonner et qu'ils « n'ont presque jamais le moyen d'obtenir. » (M. Fanet, dans la *Revue de Législation* de 1865.)

## Notes de la page 40.

(1) *M. le Comte Beugnot :* « Si le lieu de la résidence était choisi par le « gouvernement, il en résulterait pour le condamné l'obligation de se créer « des ressources sur le point où il lui faudrait demeurer, et pour les autorités « locales le devoir de le conserver. La liberté dont jouissent actuellement « les libérés est un danger pour la société, car les raisons qui les détermi- « nent dans le choix du lieu de leur séjour sont précisément celles qui de- « vraient le leur faire interdire. En effet ils sont presque toujours guidés « par des motifs de vengeances particulières, par l'espoir de se livrer à de « nouveaux excès et par le désir de se soustraire à la surveillance qui pèse « sur eux. »

*M. le Président Boullet* : « La prévision du législateur a été trompée, ce « conditions plus favorables faites aux libérés n'ont point adouci le sort

« de ceux enclins à rentrer dans une meilleure voie et ont donné à ceux « qui persistent dans leur perversité les moyens de commettre de nouveaux « crimes. Les premiers sont d'autant plus mal accueillis dans les communes « dont ils ont choisi la résidence qu'on sait qu'à force de dégoûts on peut « les en éloigner. Ceux, en plus grand nombre, que la prison ou le bagne « n'a point corrigés, qui y ont formé des associations coupables, qui rentrent « enfin dans la société avec l'intention de commettre de nouveaux méfaits « ne choisissent point pour résidence les lieux où ils croient obtenir du tra- « vail, mais ceux où ils comptent trouver les moyens d'exercer leur funeste « industrie... Ainsi il est constant que le choix de la résidence fait par les « condamnés ne leur est point profitable et qu'il est dangereux pour la « société. Votre commission a reconnu à l'unanimité qu'il était à propos de « remettre au gouvernement la détermination du séjour dans lequel les con- « damnés devront se rendre à l'expiration de leur peine. Le gouvernement « saura user avec modération et opportunité de cette faculté. »

*M. le Baron de Bussières* : « Laissez se multiplier autour de vous cette « population qui n'existe que pour le crime, achevez en même temps ces « grandes lignes de chemins de fer qui dans six ans mettront vos fron- « tières les plus distantes à vingt-quatre heures l'une de l'autre, et vous « verrez quelle sera votre situation, quelles seront vos conditions d'existence « lorsque 60,000 libérés pourront errer librement dans tout le royaume et « se transporter en un clin d'œil partout où les appellera l'instinct du vol « ou du meurtre. » (Séances de la Chambre des Pairs des 8 Mars et 13 Avril 1844 ; *Journal officiel* des 9 Mars et 20 Avril, p. 546 et 1017.)

(2) *M. Martin (du Nord)* : « Je le reconnais avec les honorables auteurs « de la proposition, cette surveillance, d'une nature toute spéciale a présenté « dans l'exécution de véritables difficultés... La nouvelle disposition de « l'Art. 44 a pu donner lieu à des inconvénients, et je ne me dissimule pas « que ces inconvénients ont pu être aggravés par la facilité avec laquelle « on se transporte aujourd'hui d'un lieu à un autre, et au moyen de laquelle « on peut presque en même temps à de très-courts intervalles se trouver « dans des lieux différents et même assez éloignés les uns des autres. » (Séance du 8 Mars 1844.)

(3) La commission était composée des hommes les plus compétents : MM. le Président Boullet, Vicomte de Flavigny, Franck-Carré, le Comte de Ham, Mérilhou, Duc de Mortemart, Persil.

(4) « Les libérés soumis à la surveillance seront affranchis de la résidence « obligée dès qu'ils auront présenté pour caution de leur bonne conduite « agréée par le préfet, un citoyen domicilié dont la position donnerait quel- « ques garanties, telles que l'inscription au rôle des contributions directes, « la jouissance des droits civils et de famille. La caution s'engagera par écrit

« à faire représenter le libéré à toute réquisition de l'autorité... Ce mode de « garantie n'est point sans exemple dans la législation française et étran- « gère. Le vagabond condamné peut être rendu à sa commune sur la de- « mande du conseil municipal ou avec le cautionnement d'un citoyen sol- « vable (Art. 273 du Code Pénal). En Angleterre, toute personne dont la « conduite inspire une inquiétude sérieuse à l'autorité est tenue, sous peine de prison, de donner caution qu'elle gardera la paix. La société serait-elle « taxée de sévérité en exigeant moins d'une classe d'hommes qui lui est « presque toujours hostile ? A ceux qui ne seraient pas assez heureux pour « trouver une caution il resterait la ressource des bienfaits qu'une bonne « conduite peut obtenir de la clémence Royale. La surveillance, bien qu'elle « constitue un état permanent, est une peine, et rien n'empêche qu'elle ne soit, « comme toute autre peine, l'objet de la grâce. » — Nous savons que cette dernière proposition est erronée. (Rapport de M. le président Boullet, à la Chambre des pairs, — *Moniteur* du 20 avril 1844.)

## Notes de la page 41.

(1) Voyez, ci-dessus, page 34.

(2) Voici le projet modifié par la commission et soumis à la sanction de la Chambre : « L'effet du renvoi sous la surveillance de la haute « police sera de donner au gouvernement le droit de déterminer le lieu dans « lequel le condamné devra résider après qu'il aura subi sa peine. Néan- « moins tout condamné qui présentera et fera agréer par le préfet, pour « caution de sa bonne conduite, un citoyen domicilié, inscrit au rôle des « contributions directes et jouissant des droits civiques civils et de famille, « pourra, soit lors de sa libération soit depuis, choisir le lieu de sa rési- « dence dans le département dont le séjour ne lui sera pas interdit par le « gouvernement.

« La caution souscrira l'engagement de faire représenter le libéré à toute « réquisition de l'autorité, faute de remplir cet engagement elle sera pour- « suivie devant le Tribunal civil à la requête du Ministère public et condam- « née à une amende de 500 à 3,000 francs.

« Si le libéré ne fournit pas de caution l'administration déterminera les « formalités propres à constater sa présence continue dans le lieu de sa ré- « sidence.

« Dans l'un ou l'autre cas le condamné recevra au moment de sa libé- « ration une feuille de route réglant l'itinéraire dont il ne pourra s'écarter « et la durée de son séjour dans chaque lieu de passage. Il sera tenu de se « présenter dans les vingt-quatre heures de son arrivée devant le maire de « la commune.

« Les feuilles de route et passeports des condamnés en surveillance seront « délivrés par les préfets.

« La masse de réserve, sauf le prélèvement de la somme nécessaire au « voyage du libéré, sera transmise au lieu de la résidence choisie par lui ou « désignée par le gouvernement et lui sera remise sans frais au fur et à « mesure de ses besoins. »

## Notes de la pages 42.

(1) La pensée de compléter la surveillance par la *transportation* se produisit pour la première fois en 1844 : — « Je voudrais, disait le Baron de Bussières, qu'en restituant à l'autorité des moyens de surveillance dont elle « s'était imprudemment dessaisie vous ne crussiez pas avoir fait tout ce « que réclame la situation. La vérité c'est que vous ne donnerez à la sé- « curité publique que des garanties incomplètes et toujours précaires aussi « longtemps que vous n'aurez pas organisé sur quelque plage lointaine un « lieu de *déportation.* »

M. le Président Boullet, rapporteur, propose, pour conjurer le mal : « La « réforme du système pénitentiaire, la *transportation* des condamnés et leur « application aux travaux pénibles destinés à féconder le sol d'une nouvelle « patrie. » (Séances de la Chambre des Pairs des 9 Mars et 13 Avril 1844.)

« En cas de condamnation pour rupture de ban, le préfet qui proposera « au gouvernement d'appliquer au condamné la *transportation* aura le droit « de le détenir par mesure administrative en attendant la décision du Mi- « nistre. » (Circulaire du Ministre de la Police du 1er Septembre 1852 ; *Dalloz,* 1853, 3, p. 29.)

La question de la transportation fut de nouveau soulevée en 1870 au sein de la commission du Corps législatif chargée d'examiner le projet de loi tendant à l'abrogation du Décret du 8-12 Décembre 1851 : — « On s'est aussi « demandé, disait M. Bastid, rapporteur, si la *transportation* dans une colo- « nie pénitentiaire ne pourrait pas être maintenue, non plus comme mesure « de sûreté à appliquer de plein droit et arbitrairement sans l'intervention « de la justice, mais comme peine à substituer par les tribunaux à l'empri- « sonnement édicté par l'art. 45 du Code Pénal. Les mesures de ce genre « ont été diversement appréciées ; pour les uns, c'est un préservatif contre « les récidives si familières aux libérés, c'est une sorte d'amortissement du « crime au profit de la métropole. Pour d'autres, elles ne présentent ni uti- « lité, ni efficacité, ni caractère exemplaire. »

(2) « Le 8 Décembre 1851, *par des motifs tirés de l'état d'agitation qu'en- « tretenaient les événements survenus depuis* 1848 et du besoin d'un retour « énergique à l'ordre réclamé par le vœu de la France, un Décret adopta

« des mesures sévères contre deux classes d'hommes : les repris de justice « soumis à la surveillance, et les affiliés aux sociétés secrètes. » (Exposé des motifs de la Loi pour l'abrogation du Décret de 1851.)

(3) *M. Suin*, président de la commission nommée pour examiner la proposition du gouvernement tendant à l'abrogation du Décret de 1851, mettait ainsi en relief devant le Sénat son caractère politique : « C'est, disait l'honorable membre, parce que nous avons aperçu dans le Décret du 8 Décembre « 1851 des dispositions qui ne peuvent plus être aujourd'hui appliquées... « que nous avons prononcé son abrogation. Le Décret-Loi du 8 Décembre 1851 « et la Loi du 27 Février 1858 sont-elles des dispositions législatives ou des « mesures de circonstance qui doivent leur naissance, leur force, à des événements particuliers? Rappelez-vous que c'est le 2 décembre qu'a eu lieu le « coup d'Etat, c'est le 8 Décembre 1851, six jours après, qu'intervient le « Décret. Devait-il le jour à l'événement qui venait de se produire ? Il n'est, « je crois, dans la pensée de personne de le nier... Rappelez-vous l'événement, reportez-vous à l'exposé des motifs, et vous allez tous dire que le « Décret du 8 Décembre 1851, que la loi du 27 Février 1858 étaient des lois « exceptionnelles, des lois de circonstance.

« *M. Baroche* : Non ! non !

« *M. Suin* : Des lois devant le jour à des événements qui venaient de se « passer, par conséquent, des lois de circonstance je le répète qui doivent « disparaître avec les événements mêmes qui les avaient rendues nécessaires.

« *M. le Général Comte de la Rüe* : Ce n'est pas toujours vrai.

« *M. Baroche* : Ce n'est pas dans la Loi.

« *M. Quentin-Bauchart* : C'est dans la situation.

« *M. Suin* : Ce n'est pas dans la Loi, mais c'est dans l'histoire. » (Séance du Sénat du 14 Juillet 1870, *Journal Officiel* du 15.)

### Notes de la pgge 44.

(1) Jusqu'à l'année 1868 où il commença à se manifester dans l'opinion une réaction sensible contre les lois d'exception, le Décret de 1851 ne rencontra que des adhérents ; il s'est même élevé en 1855 quelques voix pour prétendre que le système de 1851 n'offrait pas encore à la société des garanties suffisantes. (Voir Bonneville, *Régime pénitentiaire.*)

Un Magistrat, M. Auzies, conseiller à Toulouse, qui a publié à la fin de 1869, une brochure sur la surveillance, s'exprime de la manière suivante sur le Décret du 9 Juillet 1852 : « On ne peut à la lecture de telles dispositions se défendre d'un sentiment de tristesse, car il n'est pas besoin de « longues méditations pour apercevoir immédiatement ce qu'elles ont de « défectueux et d'exorbitant... Que dans des temps mauvais on voile la

« statue de la Liberté, c'est une cruelle extrémité que la nécessité com-
« mande peut-être, et que justifie sans doute un intérêt suprême de con-
« servation et de défense. Mais quand l'ordre règne, quand les Magistrats
« sont obéis, pourquoi laisser encore dans nos Codes les traces visibles de nos
« discordes et de nos malheurs ? C'est l'heure au contraire du retour aux
« principes du droit commun qui seuls, mieux que toutes les lois d'exception,
« peuvent sauvegarder la société sans infliger au pays de douloureux sacri-
« fices. »

(2) Il n'est pas hors de propos de faire remarquer, à l'égard de l'Art. 2 du Décret du 8 Décembre 1851, que l'application de cette disposition a été rare, et que, dès l'année 1864, le gouvernement déclarait, par l'organe de M. Rouland, Président du conseil d'Etat, « qu'il fallait regarder cet article « comme complétement abrogé. Depuis l'amnistie, disait l'orateur, il n'a « reçu aucune application, et n'en recevra plus. » (Exposé des motifs du projet de loi portant abrogation du Décret de 1851, par M. Migneret, Conseiller d'Etat.)

(3) MM. Steenackers, Crémieux, de Choiseul et Picard.

(4) Le commissaire du gouvernement s'exprimait de la manière suivante :
« La question étant posée en ces termes, après une étude approfondie le
« conseil d'Etat, frappé de cette imposante majorité que présentaient les
« Magistrats, n'a pas hésité à vous demander... quoi Messieurs ? Non pas
« de trancher les questions qui sont pendantes et qui doivent rester pendantes
« tant que le public éclairé par ses commissions, ne se sera pas formé une
« opinion définitive, mais de prendre le texte de l'Art. 44 du Code Pénal,
« qui n'est pas excellent, qui n'est pas l'idéal, de le prendre comme une
« station intermédiaire entre l'Art. 3 du Décret que vous abrogez et un
« système sur lequel l'attention du gouvernement et du Conseil d'Etat est
« aujourd'hui appelée, et que d'ailleurs les commissions qui fonctionnent,
« étudieront plus tard. » (Séance du Corps Législatif du 17 Juin 1870, — *Journal Officiel* du 18.)

(5) « Le gouvernement, disait l'honorable M. Bethmont, a reçu plusieurs
« fois de la part des membres éminents du parquet, comme de la part de
« plusieurs administrateurs dans les départements, des observations basées
« sur l'inconvénient qu'il y a, non pas à éloigner de Paris et de quelques
« grands centres les récidivistes, mais à les parquer dans certaines villes où
« ils trouvent difficilement de l'ouvrage, d'abord parce que l'ouvrage y est
« pris par la population même qui a l'intérêt et la sympathie de ceux qui
« l'emploient, ensuite parce que cette situation de récidiviste est de celles
« qui en province plus encore que dans les grandes villes, inspirent de la
« répulsion non-seulement aux patrons mais aux ouvriers. A ce point de

« vue la surveillance de la haute police qu'on croyait salutaire, a été dans « la pensée de plusieurs administrateurs éminents et de plusieurs Procureurs « Généraux, comme un entraînement au mal venant empêcher le retour vers « le bien. »

(6) Séance du 17 Juin 1870 ; *Journal officiel* du 18.

(7) La commission du Sénat était composée de MM. Suin, président, de Marnas, secrétaire-rapporteur, de Vuillefroy, Leroy de Saint-Arnaud Comte Boulay de la Meurthe.

## Notes de la page 45.

(1) M. Suin, président de la commission.

(2) L'ajournement fut prononcé sur la demande de M. de Ségur-d'Aguesseau. Voici, du reste, le résumé de la discussion. M. le Comte de Ségur-d'Aguesseau prit le premier la parole et demanda au Sénat de voter contre les conclusions de la commission. Il fit observer que le moment était mal choisi pour supprimer ou seulement diminuer les pouvoirs remis au gouvernement, parla des derniers troubles dont Paris venait d'être le théâtre, disant qu'il fallait moins se préoccuper de donner les libertés que la sécurité nécessaire : — « Je sais bien que le Décret du 8 Décembre 1851 contient des « dispositions disciplinaires rigoureuses, excessives si l'on veut, mais con- « venez que dans une question de cette nature ce n'est là réellement qu'un « détail. Ce qu'il faut, c'est se pénétrer de l'importance du maintien d'un « Décret qui nous a été si utile depuis plus de dix-huit ans, surtout pen- « dant les premières années. Si on ne l'applique plus ou si on l'applique « rarement, tant mieux ! car le plus bel éloge qu'on puisse faire d'une loi « pénale c'est de dire qu'elle n'est pas appliquée... Comment, nous consen- « tirions à abroger ce Décret qui a été l'instrument le plus utile du coup « d'Etat, je dirai l'instrument indispensable pour comprimer l'anarchie « rendre au pays la sécurité et fonder un gouvernement régulier ! »

*M. de Marnas*, rapporteur : « Le Décret de 1851 appliqué avec fermeté, a « été l'un des éléments les plus considérables de l'ordre à l'époque où il a « été promulgué, mais il contient des dispositions quelquefois excessives « quoique parfaitement expliquées par le temps et légitimées par les circon- « stances... C'est une loi opposée au droit commun. Le gouvernement a jugé « avec un grand sens et une grande certitude que dans les circonstances où « nous sommes il n'était pas besoin de conserver ce Décret effrayant au moins « par les apparences sinon dans la réalité. »

*M. Suin*, répondant à M. Baroche, défend les conclusions de la commission : — « Qu'ai-je à vous dire sur les deux Lois dont nous consentons l'abro-« gation, c'est-à-dire sur celles du 8 Décembre 1851 et du 27 Février 1858? « Si ces lois vous étaient proposées aujourd'hui vous ne les adopteriez pas, « vous les repousseriez à l'unanimité, et vous auriez raison. Elles ont eu « leur raison d'être. La Loi du 8 Décembre 1851 a été faite au sortir d'une « immense révolution, il y avait trois ans que l'industrie souffrait, que le « commerce était arrêté, que les ouvriers étaient sans ouvrage, tous affluaient « à Paris. Dans ce moment il fallait faire renaître l'industrie, donner « confiance au commerce et favoriser la sortie des capitaux. Pour atteindre « ce but dans un grand centre comme Paris on devait éloigner ceux qui « pouvaient empêcher la confiance de renaître. Voilà l'origine du Décret du « 8 Décembre 1851, mais ce Décret contient des dispositions et des pré-« cautions qu'aujourd'hui vous n'approuveriez pas, et même j'irai plus loin : « si on l'exécutait, vous seriez les premiers à réclamer contre sa trop grande « sévérité, sa sévérité draconienne... Si, par cela seul qu'un individu est « placé sous la surveillance de la haute police, le gouvernement s'armant « du Décret du 8 Décembre 1851, le transportait à Cayenne ou en Algérie, « je demande si tous les organes de l'opinion publique ne viendraient pas « réclamer contre une pareille sévérité.

*M. Baroche* : « ... On vous a lu différentes dispositions du Décret qui sont « d'une certaine sévérité, sévérité que j'approuve, car au moment où il a « été rendu il fallait réagir vigoureusement contre le désordre. Pour moi, « tout le Décret est dans l'Art. 3 et dans l'Art. 4, et j'accepterais sans hési-« tation un projet de loi qui dirait que le Décret est abrogé à l'exception de « ces deux articles, toutes les autres mesures qui peuvent avoir un caractère « exceptionnel et jusqu'à un certain point paraître à quelques esprits un « peu excessives ou exorbitantes disparaissant, de telle sorte qu'on ne lais-« serait en vigueur que les dispositions permanentes qui doivent prendre « place dans nos lois pénales... Il y a un grand peuple dont on invoque « souvent l'exemple, un peu trop souvent peut-être, c'est le peuple Anglais. « Il n'abolit pas ses lois, il les garde, il les met pour ainsi dire comme « ses vieilles armures à la Tour de Londres, et il les retrouve aux époques « de crises quand il en a besoin.

*M. Philis*, commissaire du gouvernement : « ... Messieurs, je vous le de-« mande, est-ce qu'au milieu des préoccupations sociales qui vous animent « tous avec une grande raison, il ne se fait pas en faveur de l'homme quel « qu'il soit qui victime d'une condamnation est destiné cependant à vivre « et doit trouver les moyens de soutenir son existence, est-ce qu'il ne se « fait pas dans vos esprits et je dirai dans vos cœurs, ce raisonnement que, « lorsque le gouvernement, c'est-à-dire le préfet de police à Paris et les préfets « dans les départements, est investi de ce droit de dire d'avance au con-« damné : « c'est là que tu mèneras ta vie... » il connaît infiniment moins « que ce misérable les raisons qu'il peut avoir pour se cacher sur tel point « du territoire et pour demander une résidence dans laquelle il puisse

« se nourrir, s'entretenir, et peut-être se réhabiliter? N'est-il pas incontes-
« table qu'un tel homme, que l'administration dans un intérêt de pré-
« voyance dans un but paternel je le veux, mais ignorante des circonstances
« qui ont déterminé son crime, veut envoyer sur tel point du territoire, peut
« avoir intérêt à ne pas y aller? car là tout espoir de réhabilitation sera
« perdu pour lui toute chance de moralisation lui sera enlevée dans l'a-
« venir. »

L'amendement de M. Baroche mis aux voix est adopté, et son renvoi à la commission ordonné. (Séance du 14 Juillet 1870, *Journal Officiel* du 15.)

— *Séance du 18 Juillet.* M. de Marnas donne lecture du projet modifié par la commission :

« Art. 1er. — Le Décret-Loi des 8-12 Décembre 1851 est abrogé.

« Art. 2. — L'Art. 44 du Code Pénal est remis en vigueur dans les ter-
« mes suivants :

« L'effet du renvoi sous la surveillance de la haute police sera de donner
« au gouvernement le droit de déterminer le lieu dans lequel le condamné
« devra résider après qu'il aura subi sa peine.

« L'administration déterminera les formalités propres à constater la pré-
« sence continue du condamné dans le lieu de sa résidence. »

*M. le Comte de Ségur-d'Aguesseau* : « Je demande l'ajournement. »

Le Sénat consulté prononce l'ajournement. (*Journal Officiel* du 19 Juillet 1870.)

(3) « Cette tentative du gouvernement d'alors quoique infructueuse, était
« un encouragement pour ceux qui demandent l'abrogation de la surveillance,
« car les gouvernements malgré leurs bonnes intentions, sont souvent dis-
« traits des soins que réclamerait l'amélioration de nos lois pénales par les
« mille incidents de la politique générale : tous les hommes de cœur ne
« doivent pas se décourager, ils doivent tendre au contraire à apporter,
« chacun dans la mesure de ses forces, le contingent de ses lumières et de
« ses efforts. » (Ch. Vergé.)

(4) *Décret du Gouvernement de la Défense Nationale, du 24 Octobre 1870, portant abrogation du Décret du 8 Décembre 1851, concernant les individus reconnus coupables d'avoir fait partie d'une société secrète, et de la Loi du 27 Février 1858 dite de sûreté générale* (*Bulletin des Lois*, n° 142).

« Le Gouvernement de la Défense Nationale,

« Considérant que, si le Décret du 8 Décembre 1851 concernant les indi-
« vidus placés sous la surveillance de la haute police et les individus recon-
« nus coupables d'avoir fait partie d'une société secrète, et les dispositions
« de la Loi dite de *sûreté générale*, du 27 Février 1858 encore en vigueur le
« 4 Septembre dernier, ont été virtuellement abrogés par la révolution de ce
« jour, il importe de confirmer expressément cette abrogation afin qu'aucun
« doute ne puisse s'élever sur leur disparition totale ;

« Décrète :

« Art. 1er. — Le Décret du 8 Décembre 1851 et la Loi du 27 Février « 1858, susvisés, sont abrogés.

« Art. 2. — L'effet du renvoi sous la surveillance de la haute police *sera « ultérieurement réglé.* »

## IV.

### Notes de la page 46.

(1) Cass. 31 Janvier 1834 ; Morin, 1834, p. 156. — Chauveau, Hélie, *Théorie du Code Pénal*, t. I, p. 170 et 230, n° 77. — Trébutien, t. I, p. 266 et 361. — Bertaud, p. 232 et 577. — *Contrà*, Lyon, 13 Septembre 1845. — Paris, 29 Mai 1861. — Nîmes, 7 Juin 1866.

(2) Il est à remarquer que si la surveillance est inscrite au chapitre des peines et si elle peut donner lieu à des peines correctionnelles nulle part on ne la trouve inscrite au Code Pénal sous cette désignation que les textes qui la concernent semblent même exclure. L'Art. 44 parle des lieux où il sera interdit au condamné de paraître *après qu'il aura subi sa peine*; l'Art. 100 spécifie qu'*il ne sera prononcé aucune peine* pour le fait de sédition contre ceux qui se seront retirés au premier avertissement, mais que néanmoins ils pourront être renvoyés sous la surveillance de la haute police; les coupables de complots ou autres crimes attentatoires à la sûreté intérieure ou extérieure de l'Etat qui auront fait des révélations, *seront exemptés de toute peine*, néanmoins ils pourront être condamnés à la surveillance (Art. 108). Il en est de même pour les personnes coupables du crime de fausse monnaie qui auront fait connaître leurs complices, elles *seront exemptes de peine*, mais elles pourront être mises sous la surveillance spéciale de la haute police (Art. 138).

(3) « Supposons, ajoute l'auteur, qu'un Tribunal acquît la certitude qu'un « condamné à une peine principale pour un délit pouvant entraîner la sur- « veillance ne commettra désormais aucun crime ni délit, croit-on que « dans ce cas ce Tribunal songeât à soumettre cet homme à la surveil- « lance? Evidemment, non... ; mais, cette certitude empêcherait-elle ce « même Tribunal de condamner ce même homme à l'emprisonnement?... Si « la surveillance était une peine, les tribunaux y soumettraient le coupable, « quelque connaissance certaine qu'ils pussent avoir de sa conduite ulté- « rieure. » (*Contrà* : Antoine Blanche, *Etudes sur le Code Pénal*, t. I, n° 208.)

(4) La surveillance est prononcée comme peine principale pour faits de sédition contre ceux qui, coupables de complots ou autres crimes attentatoires à la sûreté intérieure et extérieure de l'Etat, en auront donné connaissance avant toute exécution; contre les faux monnayeurs, les auteurs de contrefaçons du sceau de l'Etat, billets de banque, effets publics, poinçons, timbres et marques qui auront révélé leur crime et fait connaître leurs complices, contre les vagabonds de moins de seize ans.

Le bannissement, peine aujourd'hui à peu près inusitée dans nos Codes, entraîne aussi de plein droit le renvoi sous la surveillance de la haute police, mais, seulement, pour un temps égal à la durée de la peine. (Art. 49, 100, 108, 138, 144, 221 du Code Pénal.)

(5) Que la peine de la surveillance soit obligatoire ou facultative, si la loi s'est bornée à fixer un minimum sans indiquer de maximum, les Tribunaux ont le pouvoir de la prononcer pour un temps aussi long qu'il leur convient et même à vie. Par contre si la loi détermine un maximum sans parler de minimum, le juge a toute liberté pour en réduire la durée. Il a été décidé cependant que dans les cas où la loi a seulement fixé le maximum de la peine, si les tribunaux n'appliquent pas les dispositions de l'Art. 463, la durée de la surveillance ne saurait être inférieure aux peines correctionnelles.

(6) « Il suit de là que le prévenu d'un larcin, que l'individu qui s'est « trouvé deux fois mêlé dans une rixe, sont assujettis à la surveillance, et « cette précaution sociale juste à l'égard des grands criminels devient « tyrannique vis à vis des simples délinquants, parce qu'elle est presque « toujours inutile. » (Chauveau et Hélie, t. I, p. 178.)

**Notes de la pages 47.**

(1) Cass. 13 Septembre 1834.

(2) Art. 47 du Code Pénal. — Cass. 31 Janvier 1834. — Cass. 21 Novembre 1839.

(3) La Cour de Paris frappée de cette anomalie et voulant la faire cesser, a jugé que le condamné à mort ou aux travaux forcés à perpétuité dont la peine a été commuée par voie de grâce en celle des travaux forcés à temps ou en toute autre peine entraînant de plein droit la surveillance, y sera soumis *ipso facto*. (Paris, 9 Février 1855; Sirey, 1855, 2, p. 111.

Morin, 1855, p. 112. — *Conforme*, Tribunal de la Seine, 22 Juillet 1852; Morin, 1852, p. 333, et 12 Janvier 1855. Cet arrêt de la cour de Paris et ces deux jugements du tribunal de la Seine sont isolés.)

## Notes de la page 48.

(1) Nous verrons plus loin (note 3 de la page 49) les difficultés qui se sont élevées relativement à l'applicabilité de l'Art. 463. Si les Tribunaux montrent une grande tendance à y recourir, c'est le plus souvent pour éviter la surveillance au condamné.

(2) Cass. 31 Janvier 1834 ; Sirey, 1834, 1, p. 490. — Art. 635 et 636 du Code d'Instruction Criminelle. — Antoine Blanche, nos 206, 207, 208 et 209.

(3) Lyon, 6 Février 1840. — Paris, 6 Mai 1841. — Cass. 19 Mai 1841. — Montpellier, 14 Janvier 1856. — Lyon, 4 Juin 1866.

(4) Tribunal de la Seine, 5 Septembre 1840. — Paris, 16 Décembre 1840. — Orléans, 8 Juillet 1840. — Paris, 31 Janvier 1862. — « L'art. 30 « de la Loi du 28 Avril 1832 introduisait dans l'état des condamnés libé- « rés des changements favorables, la jurisprudence a encore accru les fa- « veurs qui leur étaient accordées. » (Proposition du Comte Beugnot et du Président Boullet, à la Chambre des Pairs, pour la modification de l'Art. 44 du Code Pénal.)

(5) La cour régulatrice a repoussé cette interprétation bienveillante de la loi de la surveillance : — « Attendu que le système d'après lequel on comp- « terait à la décharge du condamné dans le temps de la surveillance la « durée de la peine d'emprisonnement est inconciliable avec la latitude lais- « sée au juge par l'Art. 45 de porter l'emprisonnement jusqu'à cinq ans « quel que soit le temps que la surveillance a encore à courir, puisque le « bénéfice de ce système ne pourrait profiter à ceux dont l'emprisonnement « d'après les conditions et les termes dans lesquels il aurait été prononcé « devrait se prolonger au-delà de l'expiration de la surveillance. » (Cass. chambres réunies, 19 Mai 1841 ; Morin, 1841, p. 258. — *Conforme*, Cass. 5 Septembre 1840 ; Morin, 1840, p. 343.)

(6) Cass. 12 Mai 1837. — Cass. 31 Janvier 1862. — Cass. 13 Décembre 1862. — Cass. 22 Janvier 1863. — A. Blanche, *Études pratiques sur le Code Pénal*, nos 133 et 205.

L'administration a prétendu voir dans la transportation appliquée au condamné par mesure de sûreté générale en vertu du Décret du 8 Décembre 1851, un fait de nature à interrompre la surveillance; mais la Cour de Cassation a sagement décidé que : « La surveillance à laquelle est soumis un « condamné libéré suit son cours pendant le temps de la transportation par « mesure de sûreté générale, parce que la transportation a été établie par « le Décret du 3 Mars 1851 comme mesure de sûreté générale, qu'elle part « du même principe que la surveillance de la haute police dont elle n'est « qu'une application plus rigoureuse et plus étendue. » (Cass. 22 Janvier 1863; Morin, 1863, p. 188.)

(7) Paris, 6 Février 1840. — Paris, 6 Mai 1841.

## Notes de la page 49.

(1) Cass. 13 Septembre 1834.

(2) Attendu que les dispositions de l'Art. 47 du Code Pénal sont générales, absolues et ne comportent aucune distinction, que lorsque la loi militaire emprunte à la loi commune quelques-unes de ses peines, elle les emprunte telles que les règle et définit le Code Pénal et avec toutes les conséquences légales qu'il y attache à moins qu'il n'en soit autrement ordonné par une disposition expresse. (Cass. 12 Août 1842; Morin, 1843, p. 50. — *Arrêts conformes* : Paris, 19 Août 1841. — Paris, 26 Mai 1848.)

(3) Cette question, définitivement tranchée par un Arrêt solennel de la Cour de Cassation rendu sur les conclusions conformes de M. le Procureur général Dupin, le 2 Janvier 1836, avait été longtemps indécise. Les uns invoquaient le texte de l'Art. 463 et soutenaient qu'il se réfère seulement à l'amende et à l'emprisonnement, et qu'il n'y est pas question de la surveillance. (Cass. 8 Mars 1833. — Colmar, 8 Septembre 1833; Morin, 1834, p. 89. — Cass. 7 Août 1834; Morin, 1834, p. 242. — Cass. 26 Septembre 1834; Morin, 1834, p. 273. — Cass. 22 Octobre 1835. — Cass. 5 Novembre 1835. — Cass. 11 août 1837; B. C. 1837, n° 237. — Cass. 23 Septembre 1837; B. C. 1837, n° 291.)

On objectait à ce système qu'il était étrange que les juges qui ont le pouvoir de réduire les peines principales jusqu'à celles de simple police, n'eussent pas celui de dispenser les délinquants de la peine accessoire de la surveillance : — « Attendu, dit un Arrêt du 2 Janvier 1836, que, dans les af- « faires correctionnelles, lorsque les Tribunaux trouvent des circonstances at- « ténuantes, ils sont autorisés par l'Art. 463, même en cas de récidive, à

« réduire la peine correctionnelle, et même à lui substituer une peine de « simple police. Attendu que les Tribunaux, investis par là non-seulement « du droit de modifier la peine d'emprisonnement mais de la retrancher, « peuvent à plus forte raison se dispenser de prononcer la peine de la sur- « veillance. »

« La disposition de l'Art. 463 est générale, elle s'applique à tous les « délits prévus par le Code Pénal et à toutes les peines qu'il prononce, elle « a pour but de donner au juge toute latitude pour proportionner la peine « au plus ou moins de gravité du délit. L'Art. 11 met le renvoi sous la sur- « veillance de la haute police au nombre des peines correctionnelles et il « peut conséquemment comme toute autre peine, être modifié dans sa durée « par l'effet des circonstances atténuantes. » ( Cass. 9 Septembre 1853. — *Arrêt conforme :* Cass. 26 Avril 1839 ; B. C. 1839, n° 141. — Voir, Lois des 10 Avril et 24 Mai 1834. — *Théorie du Code Pénal*, t. I, p. 226. )

(4) Pour soutenir que l'Art. 463 ne s'appliquait pas aux mendiants et vagabonds, on disait : La disposition de l'Art. 271 qui renvoie les mendiants et vagabonds ayant subi leur peine sous la surveillance de la haute police pendant cinq ans au moins et dix ans au plus est impérative et ne laisse pas aux Tribunaux la faculté d'affranchir de la surveillance. L'Art. 463 ne déroge ni expressément ni virtuellement à la disposition spéciale qui régit les vagabonds. (Cass. 18 Juillet 1833.— Cass. 26 septembre 1834 ; Morin, 1834, p. 273. — Cass. 12 Mars 1835 ; Morin, 1835, p. 146—Cass. 25 Juin 1835 ; Morin, 1835, p. 307.— Cass. 5 Novembre 1835 ; Morin, 1836, p. 49.—Paris, 26 janvier 1837 ; Morin, 1838, p. 25 — Cass. 11 Août 1837 ; Morin, 1837, p. 334.—Cass. 23 Septembre 1837 ; B. C. 1837, n° 291. —Cass. 6 Janvier 1838. — Rouen, 1er Mars 1838. — Voir *Déclaration du Roi* du 3 Août 1764.)

La jurisprudence s'est fixée dans un sens contraire, en se fondant sur les considérations générales qui ont motivé l'application de l'Art. 463 à la surveillance, et sur ce qu'aucune disposition législative n'excepte de l'application de cet article les condamnations prononcées contre les vagabonds en vertu de l'Art. 271. (Cass. 26 Septembre 1834. — Colmar, 22 Janvier 1835 ; Morin, 1838, p. 307.—Paris, 30 Janvier 1830. — Douai, 14 Avril 1836.— Paris, 23 Novembre 1837 ; Morin, 1838, p. 273. —Cass. 26 Juin 1838. — Cass. 24 Novembre 1838. — Cass. 26 Avril 1839 ; B. C. 1839, n° 141.)

(5) Cass. chambres réunies, 8 Avril 1837 ; Sirey, 1837, 1, p. 355 ; Morin, 1837, p. 122. — *Arrêts conformes :* Cass. 11 août 1836 ; B. C. n° 270. —Cass. 8 Octobre 1836 ; B. C. n° 239. — Cass. 8 Avril 1837 ; Sirey, 1837, 1, p. 356. —Cass. 1 Juin 1837 ; Morin, 1837, p. 194. — Cass. 22 Janvier 1838 ; Sirey, 1838, 1, p. 251. — Cass. 6 Avril 1838 ; B. C. n° 96. — Cass. 26 Juin 1838.—Cass. 24 Novembre 1838 ; B. C. 1838, n° 368 ; Sirey, 1838, 1, p. 995.

Le dernier Arrêt rendu par la Cour Suprême sur cette question si vivement et si longtemps débattue porte la date du 21 Septembre 1849. « Attendu, y est-il dit, que les Art. 277 et suivants, jusqu'à l'Art. 282 « inclusivement, placés sous la rubrique : *Dispositions communes aux vaga-* « *bonds et mendiants*, forment le complément des paragraphes 2 et 3 de la « section v du ch. 2, Titre 1 du Livre III du Code Pénal, et qu'ainsi l'Art. 282, « lorsqu'il se réfère *aux articles précédents* s'applique non-seulement aux « articles placés sous la même rubrique mais encore à ceux qui les précè- « dent et composent le paragraphe 3. Que dès lors le renvoi sous la « surveillance de la haute police prononcé par ledit Art. 282, doit être « appliqué aux mendiants condamnés en vertu des Art. 277 et suivants. « Que cette interprétation est conforme à l'intention du législateur mani- « festée dans l'exposé des motifs du Code Pénal, présenté en 1810 au Corps « législatif duquel il résulte que l'assimilation des mendiants aux vaga- « bonds a été admise en principe et que la mise *à la disposition du gou-* « *vernement* changée par la Loi du 28 Avril 1832 en celle du renvoi sous « la surveillance de la haute police était commune aux uns et aux autres » (Cass. 21 Septembre 1849 ; Morin, 1850, p. 203.)

(6) Paris, 9 Décembre 1836 ; Sirey, 1837, 2, p. 254. — Bourges, 2 Mars 1837. — Limoges, 6 Juillet 1837. — Aix, 30 Août 1837. — Nîmes, 15 Novembre 1837. — Bordeaux, 24 Janvier 1838. — Poitiers, 27 Mars 1838 ; Sirey, 1838, 2, p. 193.

(7) Cass. 16 Août 1825. — Paris, 16 Juin 1824. — Cass. 12 Août 1843. — Nancy, 28 Juin 1848 ; Morin, 1849, p. 145. — Cass. 28 Février 1852. Les prévenus âgés de moins de seize ans qui ont agi sans discernement ne pouvant être punis d'aucune peine, ne doivent pas être soumis au renvoi sous la surveillance de la haute police rangé au nombre des peines par l'Art. 11. On disait pour défendre l'opinion contraire : Le second paragraphe de l'Art. 271 prescrit que le vagabond de moins de seize ans ne pourra être condamné à l'emprisonnement mais qu'il sera renvoyé sous la surveillance de la haute police jusqu'à l'âge de vingt-un ans à moins qu'il ne contracte un engagement dans les armées de terre ou de mer : ces prescriptions sont absolues, l'Art. 66 est inapplicable.

**Notes de la page 50.**

(1) Cass. 2 Octobre 1818 ; Sirey, 1819, 1, p. 271.

(2) Cass. 22 Février 1828. — Grenoble, 11 Décembre 1833 ; Morin, 1834, p. 156. — Paris, 29 Avril 1835. — Poitiers, 23 Janvier 1837. — Cass. 9 Mars 1837. — Douai, 8 Juillet 1845 ; Morin, 1845, p. 242.

Le dernier Arrêt favorable à cette opinion a été rendu par la Cour de Poitiers, le 13 Septembre 1858 : — « Attendu que l'infraction au ban de sur-« veillance n'est pas classée par le Code Pénal dans la division générale des « délits qui peuvent être commis contre la chose publique, contre les per-« sonnes ou les propriétés, qu'à ce double titre ce délit est moins un délit « moral qu'une simple contravention matérielle laquelle ne révèle pas néces-« sairement chez celui qui la commet une perversité dangereuse et un but « criminel. Antérieurement à 1832 la rupture de ban n'était pas un délit « mais une simple contravention d'un caractère particulier ; les modifica-« tions ultérieures ont été dictées par une pensée d'indulgence et il ne « saurait être permis d'attribuer à un délit ni un caractère plus grave que « celui qui lui appartenait autrefois ni de lui faire produire des consé-« quences plus fâcheuses. » (Morin, 1858, p. 313.)

(3) La raison de décider se trouve dans l'Art. 1, paragraphe 2, du Code Pénal, qui nomme délit toute infraction punie de peines correctionnelles. (*Voyez* Bourges, 30 avril 1840. — Cass. 14 Novembre 1856 ; Morin, 1857, p. 41. — Chambéry, 27 Mai 1862 ; Morin, 1862, p. 237.)

La Cour de Rennes, se fondant sur ce que la rupture de ban quoique punie correctionnellement par l'Art. 45, n'est cependant qu'une contravention, a décidé qu'elle ne donne pas naissance à la *complicité*. (Rennes, 2 Janvier 1862 ; Morin, 1862, p. 63.) Cette décision a été critiquée, et on a fort justement observé qu'en matière de rupture de ban le complice est souvent plus coupable que l'auteur principal ; dans bien des cas ses insinuations, ses promesses, ses conseils ont poussé à la rupture du ban, ce qui est surtout vrai pour les filles soumises astreintes à la surveillance.

(4) « Pour constituer le délit de rupture de ban il suffit que le condamné « reparaisse sans autorisation au lieu qu'il lui est interdit d'habiter. Ce délit « ne consiste pas nécessairement dans le fait d'avoir cessé de résider au lieu « assigné pour la surveillance. Ainsi un condamné à une peine afflictive « et infamante auquel il a été interdit de résider au lieu où il a commis son « crime est coupable de rupture de ban lorsqu'il reparaît en ce lieu, bien « qu'il ait été admis à passer à l'étranger et qu'ainsi il ne lui ait été assi-« gné aucune résidence où il se trouvât soumis à la surveillance. » (Cass. « 13 Décembre 1844 ; Dalloz, 1845, 1, p. 69. — *Conformes* : Rennes, « 25 Août 1847. — Orléans, 3 Décembre 1850.)

## Note de la page 51.

(1) Ces deux Arrêts sont rendus dans les termes suivants : « Considérant « que, la peine de la surveillance étant continue et imprescriptible, la rupture

« de ban est par cela même un délit successif qui se perpétue et se renou-
« velle chaque jour tant que pendant la durée de la peine le condamné se
« tient éloigné du lieu de sa résidence obligée. Considérant dès lors que
« pendant tout le temps que dure cette infraction, celui qui s'en rend cou-
« pable demeure dans un état permanent de flagrant délit et de désobéis-
« sance à la loi... Considérant qu'il serait contraire aux intérêts de la bonne
« administration de la justice qu'une condamnation, quelquefois légère, in-
« fligée à un prévenu pour un délit successif, pût assurer indéfiniment son
« impunité à l'avenir malgré une obstination de plus en plus coupable à le
« commettre et qui mettrait continuellement en péril la sécurité de tous. »
(Rennes, 11 Novembre 1868.)

« Attendu en droit qu'il ne saurait être excipé, en faveur du prévenu,
« de la maxime *non bis in idem*, sous prétexte que, s'agissant d'un délit
« continu et successif, une nouvelle peine ne pouvait l'atteindre après une
« première condamnation pour fait de rupture de ban tant qu'il n'aurait
« pas réintégré sa résidence forcée. Attendu qu'il est de doctrine comme
« de jurisprudence au contraire que les infractions commises à leur ban de
« surveillance par les individus qui y sont assujettis à temps ou pour la vie,
« sont susceptibles d'engendrer l'état de récidive par elles-mêmes dans les
« cas prévus par l'Art. 58 du Code Pénal ; qu'en effet chaque fois qu'ils
« sont trouvés hors de leur résidence obligée leur désobéissance aux ordres
« de l'administration, aux décisions de la justice, les constitue en un état
« de délit flagrant ; que cet état ne peut en devenant permanent avoir
« pour conséquence de les affranchir de toute répression ultérieure à une
« première condamnation, sans quoi le renvoi des condamnés sous la sur-
« veillance de la haute police serait illusoire et aurait pour la société qu'il
« est destiné à protéger, des effets funestes. » (Cass. 19 Décembre 1868 ;
Morin, 1869, p. 337.)

## V.

### Notes de la page 52.

(1) Parmi les Magistrats qui ont écrit sur la surveillance et dont j'ai invoqué le témoignage, MM. Gouin, Châtagnier et Frémont ont conclu à a suppression. Un auteur qui a traité accessoirement la question conclut, lui aussi, de cette façon radicale : « Quelque jour on supprimera la surveillance non-seulement comme inutile, mais comme inhumaine et dange-

« reuse. » (M. de Molènes, *Traité pratique sur les fonctions du Ministère public.*)

(2) *De la jurisprudence relative à la surveillance de la haute police*, par M. P. de Saint-Vincent, substitut à Charleville.

(3) Aucune voix ne s'était encore élevée contre cette sorte d'incarcération de l'homme libre, et ce sont les Tribunaux qui, les premiers, ont donné l'éveil et devancé l'opinion publique. (M. Gouin.)

(4) *La surveillance de la haute police de l'État, de sa suppression et des moyens d'y suppléer*, par M. A. Frémont, Conseiller à la cour d'Orléans.

(5) M. Henri Pascaud, substitut à La Châtre (*Revue de législation* de 1865).

(6) M. Fanet, juge d'instruction à Bayeux (*Revue de législation*, même année).

**Notes de la page 53.**

(1) M. Auzies, conseiller à la Cour de Toulouse (*De la surveillance de la haute police*, 1869).

(2) M. Francis Gouin, procureur du roi à Guingamp (*Revue de législation* de 1840).

(3) M. Châtagnier, juge d'instruction à Roanne (*Du renvoi sous la surveillance*, 1849). Les nombreuses citations que j'ai faites à sa brochure témoignent de la valeur que j'y attache. — M. Châtagnier ajoute : « La surveillance, organisée comme elle l'est, nuisant énormément aux libé- « rés *doit être abolie* comme injuste, et il y a lieu de les laisser soumis « tout simplement à la surveillance générale qu'exerce la police sur tous « les citoyens, sauf à y joindre tels renseignements bureaucratiques et judi- « ciaires que de droit à transmettre surtout aux grands centres pour la « recherche des récidives. ...La surveillance n'étant qu'une mesure de police « devrait par ce seul motif disparaître du Code Pénal ; sa place n'est pas « là, parce que autre chose est la justice autre chose est la police, parce « que les juges sont institués pour appliquer des peines et non pour prendre « des arrêtés de police, parce que la dignité de leurs fonctions n'a qu'à per- « dre à remplir ce dernier rôle, parce que les mesures de police entraînent « avec elles des moyens étroits, mesquins, tracassiers, quelquefois un peu

« arbitraires et que tout cela dépare nos Lois criminelles qui dans leur sé-« vérité même doivent garder une empreinte majestueuse et digne sous « peine de ne plus commander le respect. »

(4) « Les réapparitions fréquentes sur le banc correctionnel de ceux que » la surveillance de la haute police a frappés, le déplorable état de prostra-« tion morale et de décadence dans lequel ils se représentent, ont vivement « impressionné bien des Magistrats qui sont maintes fois tentés d'admettre « les circonstances atténuantes, uniquement pour avoir la faculté de « rejeter la surveillance. » (M. Châtagnier.) — Les rapports sur la statistique criminelle confirment cette observation. On lit dans le compte-rendu de 1844 : « Les condamnés pour vagabondage eux-mêmes sont très-« souvent dispensés de la mise en surveillance en vertu de l'Art 463. » Le compte-rendu de 1850 rédigé par M. le Garde des Sceaux Abbatucci est plus explicite : « Les condamnés à la surveillance de la haute police, y est-il « dit, ont été en diminuant chaque année bien que le nombre des délits « auxquels le Code Pénal inflige cette peine ait au moins doublé de la pre-« mière à la deuxième période. *Les Tribunaux n'ont pas su se défendre des pré-« ventions soulevées contre cette peine*, et ils ont pris l'habitude d'en dispenser « les condamnés par application de l'art. 463 du Code Pénal. » Le Ministre aurait pu désigner le jury en même temps que les Magistrats : — « Le plus « ordinairement, dit M. Frémont, le jury admet des circonstances atté-« nuantes uniquement pour que la peine de la surveillance ne soit pas ap-« pliquée, et les Cours d'Assises s'associant de grand cœur à cette tendance « du jury ne prononcent que fort rarement la peine de la réclusion, mais bien « celle de l'emprisonnement simple sans surveillance. Si le crime d'infanti-« cide par exemple est si peu souvent réprimé, c'est le plus ordinairement « parce que la jeune fille coupable devra aux termes de notre Code Pénal, « être condamnée au minimum à cinq ans de travaux forcés et à la sur-« veillance pendant toute sa vie. »

(5) « Avant de résoudre cette grave question, disait l'Exposé de motifs « le gouvernement a cru devoir consulter les préfets et les Procureurs Géné-« raux, Ces Magistrats appelés à s'occuper chaque jour des individus soumis « à la surveillance sont mieux à même que personne d'apprécier l'influence « que le régime imposé aux surveillés peut exercer sur leur moralité, sur la « récidive et sur la propension plus ou moins grande à secouer le joug de « cette surveillance. Des réponses obtenues et des documents recueillis par « la statistique criminelle il résulte que la marche constamment ascendante « des récidives et des ruptures de ban ne s'est pas ralentie sous l'influence « du Décret rigoureux de 1851. Les uns ont attribué cette triste progression « aux rigueurs mêmes de la législation nouvelle, tandis que d'autres accu-« sant l'ancienne loi d'une indulgence trop grande voient dans l'abandon « du système préventif de 1851 un danger social. Il faut reconnaître cepen-

« dant que les Procureurs Généraux et les Préfets se sont en majorité rangés « à l'avis que le retour au droit commun c'est-à-dire à l'ancien Art. 44 du « Code Pénal sorti lui-même des solennels débats sur la législation crimi- « nelle ouverts en 1832, serait plus rationnel et suffirait comme législation « préventive et répressive. »

Le Secrétaire Général de la Justice chargé de soutenir le projet de loi devant le Corps législatif et le Sénat, a beaucoup insisté sur l'opinion libérale... émise par les chefs de parquets. Il disait encore : — « Les Procureurs Généraux, en « majorité imposante, concluaient contre le retour à l'Art. 3 et demandaient le « rappel de l'Art. 44 du Code Pénal... Le Conseil d'État a été frappé de cette « imposante majorité que présentaient ces Magistrats...Nous avons provoqué « une enquête auprès de tous les administrateurs de France et aussi auprès « de tous les Procureurs Généraux. L'honorable rapporteur, M. de Marnas, « a eu entre les mains pour son rapport un dossier volumineux, satisfaisant à « tous les points de vue, où tous les Magistrats de France ont apporté le « concours de leurs lumières. La très-grande majorité des Procureurs Géné- « raux aussi bien que la très-grande majorité des Préfets, ont été d'avis « du retour à l'Art. 44... Le Conseil d'Etat, plein de respect pour ces lu- « mières, saisi par les chiffres des statistiques, s'est déterminé dans le même « sens. »

## Note de la page 56.

(1) En indiquant les réformes proposées à diverses époques je ne puis passer sous silence les judicieuses observations soumises à la Chambre par M. Paul Bethmont : — « Ne serait-il pas possible que la surveillance n'at- « teignît que les récidivistes? qu'elle n'atteignît pas celui qui a commis une « seule faute, parce que cette surveillance est une seconde peine ajoutée à la « première, parce qu'elle atteint le coupable au moment où vient de cesser « l'application de la première, et que par là même elle le détourne du retour « au bien? Ne serait-il pas possible aussi d'admettre que cette surveillance « de la haute police ne sera jamais déclarée perpétuelle parce qu'en la dé- « clarant perpétuelle on isole ainsi de la société celui qu'on a frappé et que « cependant on voudrait voir rentrer dans son sein avec les bonnes disposi- « tions d'un citoyen qui se repent et qui veut racheter le mal qu'il a fait? « Ne serait-il pas possible aussi d'admettre que cette peine de la récidive « cesserait de plein droit après un certain temps passé sans condamnation « nouvelle? Enfin ne serait-il pas possible que la condamnation à la surveil- « lance fût toujours facultative pour les juges et que les condamnations à « l'emprisonnement fussent plus rares pour certains délits et devinssent, « permettez-moi cette expression, pour ainsi dire exceptionnelles ? Ce « sont là des pensées que je soumets au gouvernement et à la Chambre,

« et je le répète j'ai été amené à les leur soumettre par certaines conver-« sations que j'ai eues avec des administrateurs distingués, avec des Magis-« trats qui avaient eu en main cette administration de la justice et « avaient pu juger de ses conséquences au point de vue des récidivistes. Je « crois que la loi ferait acte d'humanité et de sagesse en réduisant la sur-« veillance de la haute police et en la ménageant dans les conditions que « je viens d'indiquer. » (Séance du Corps Législatif du 17 juin 1870, *Journal Officiel* du 18.)

## Notes de la puhe 57.

(1) Tandis que les Ministres et le Conseil d'Etat étaient unanimes à demander l'abrogation du Décret de 1851, des doutes s'élevaient au sein de la commission du Corps législatif plus timide que le gouvernement lui-même : « Un « membre, — disait le rapporteur du projet de loi, — a cru devoir soumettre à la « commission les appréhensions d'un *grand nombre* de nos collègues du bureau « dont il fait partie. On craint que la société ne soit désarmée par les facilités « que donne aux libérés l'Art. 44 du Code Pénal, qu'une part trop grande ne « soit faite à leur liberté de se mouvoir, à la possibilité de tromper la vigilance de « l'administration. » — Le commissaire du gouvernement disait au contraire à la tribune du Corps législatif et du Sénat : « Lorsqu'est venue dans les « conseils du gouvernement la question de l'abrogation du Décret que vous « avez votée aujourd'hui l'*unanimité* a été parfaite pour demander et pour « soutenit cette abrogation. Mais le Décret de 1851 contenait à côté des « dispositions exceptionnelles, contradictoires avec le droit commun et que « tout le monde était d'accord de faire disparaître, des dispositions qui « avaient dans un état social bien réglé un caractère permanent sur le-« quel l'attention du Conseil d'Etat a été particulièrement attirée. Quand « la délibération du Conseil d'Etat est intervenue il n'y a eu qu'une voix « pour l'abrogation des premières dispositions du Décret de 1851 ; les Art. 1 « et 2 sont tombés sans que dans ce grand corps une voix se soit élevée « pour protester en leur faveur. »

(2) Je citerai les Avocats Généraux Raoul de Presle et Pierre de Lantilly, tombés victimes de leur dévouement à la cause du droit contre les tyrannies féodales ; le Conseiller Anne Du Bourg, mort fidèle à sa foi ; le Président Duranti et son gendre l'Avocat Général Daffis, le président Brisson, les Conseillers Larcher et Tardiff morts fidèles au devoir ; enfin le Président Bonjean, tombé sous les balles de la Commune pour n'avoir pas voulu abandonner son poste au jour du péril.

### Note de la page 58.

(1) « Nous aurions un regret si nous pouvions présumer que des esprits « droits blâmassent l'homme de robe de s'être insurgé contre un texte de « son bréviaire... nous désirons que les taches qui souillent notre Code pénal « disparaissent... Si le devoir de chaque citoyen est d'apporter sa pierre ou « son grain de sable pour la construction, la réparation, la consolidation, « l'embellissement de l'édifice social, pourquoi un Magistrat ne pourrait-il « pas, apportant le tribut de ses méditations, signaler avec mesure les im- « perfections de la loi qu'il est chargé d'appliquer? » (M. Châtagnier.)



Imprimé par Charles Noblet, rue Soufflot, 18.

www.ingramcontent.com/pod-product-compliance
Lightning Source LLC
Chambersburg PA
CBHW052053270326
41931CB00012B/2734
* 9 7 8 2 0 1 9 6 0 3 4 6 5 *